자연인으로 살고 싶다는
거짓말

거짓말 자연인으로 살고 싶다는

홍천 로컬작가
8인의 시골생활
에세이

———

김준옥
박경희
박혜진
심정요
서행연
안혜정
정미진
최범용
지 음

metaB

목차

프롤로그 006

1 아직 멀었어? _박혜진 010
2 망해버린 나의 홍천라이프 _정미진 020
3 내 이름은 홍천군 문화관광해설사 _박경희 036
4 홍천은 수국꽃이 피지 않는다 _서행연 046
5 길을 잃어도 즐거운 홍천 벽화마을 _심정요 056
6 홍천 청년 창업기 _최범용 070
7 나무를 닮아 크는 아이들 _안혜정 090

8   못생겨서 어쩌라구, 못난이배를 키웁니다 _김준옥   118

9   너도 이제 자연인이다 _박경희   128

10 도시 여자와 농촌 남자를 이어준 수타사 가는 길 _심정요   136

11 걷다 보니 부산에서 두바이까지!? _최범용   154

12 서른 살 츤데레 바리스타 아들과 엄마의 카페이야기 _정미진 168

13 제이미에게 _시행언   184

14 초근목피 _박혜진   192

에필로그   202

프
롤
로
그

　첩첩산중 홍천에서는 아무것도 하지 않는, 어차피 산뿐이라 할 것도 별로 없는 '쉼'이 있는 여행이 매력적이다. 서울에서 겨우 한 시간 반 거리에 사람 흔적도 찾아보기 어려운 영화 속 '동막골' 같은 자연이 있는 줄 사람들이 알까. 중장년층이 보고 또 본다는 프로그램 〈나는 자연인이다〉에 가장 많이 등장하는 자연인들의 낙원이 홍천이라는 사실을 알까.

　만나는 사람마다 물었다. "홍천에서 유명한 게 뭔지 아세요?" 쉽게 답이 나오지 않는다. "홍천에 가본 적 없어요?" 애매한 표정을 짓는다. "혹시… 홍천이 어디 있는지는 아시는지…." 멀뚱멀뚱한 눈을 보고 질문을 삼킨다. 홍천에 대해서라면 모두에게 이 좋은 곳을 알리고 싶다가도 또 아무도 몰랐으면 싶은 감정의 아이러니를 느낀다. 그래도 우리는 알리는 쪽을 택했다.

9월 초부터 7주간 매주 목요일 홍천문화터미널에서 로컬작가 양성과정이 열렸다. 참여한 작가들에겐 에세이 한 권을 출간할 기회가 주어졌다. 로컬작가란 자기가 사는 지역을 소재로 글을 쓰는 사람들을 말한다. 과정에 참여한 이들은 이미 동네작가로 기자로 또 파워블로거로 활동하며 홍천에 관한 글을 꾸준히 써온 이력이 있었다. 그들에게 시골생활에세이를 제안하자 짧게는 5년에서 길게는 20년 넘는 세월을 귀촌해 살면서 한번쯤 풀어내고 싶었던 각양각색의 귀촌 스토리가 쏟아져 나왔다. 그렇게 모은 글이 한 권의 책이 되었다.

우리가 함께 찾아낸 홍천의 키워드는 '쉼'과 '치유'였다. 그런데 정작 귀촌해 사는 그들의 일상은 한시도 쉴 틈이 없을 정도로 바빴다. 농부, 카페사장, 펜션지기 등 본업에 더해 매주 강의 한두 개씩은 반드시 챙겨 듣고(홍천은 무료 강의 프로그램이 정말 다양하고 품질도 높다) 동네작가를, 또는 강사를, 또는 예술가를 겸하다 이제는 에세이까지 쓰며 사느라 하루 24시간이 모자란 에너자이저들이었다. 그렇게 매사에 힘이 나는 이유가 자연이 주는 기운 덕분인지 자기가 좋아하는 일을 하기 때문인지 확실친 않아도 이미 충분히 치유받고 잘 쉬면서 사는 행복한 얼굴이었다.

귀촌해서 못난이배만 키우고 있는 이유를 에세이로 쓰고, 상승세를 타던 동물체험농장이 코로나로 곤두박질친 경험담을 에세이로 쓰고, 홍천에서 인생 제2막을 화려하게 연 꿈같은 일들을 에세이로 쓰는, 쓰는 일과 사는 일이 멀리 있지 않은 로컬작가들을 매주 마주했다. 홍천에 올 때마다 나 역시 매주 자연이 주는 기운으로 치유받고 로컬작가들이 뿜어내는 에너지로 충전되었다. 그들이 쓴 글이라면 진짜라고 믿게 되었다. 그들 덕분에 홍천을 사랑하게 되었다.

열네 편의 시골생활에세이를 통해 독자들에게도 첩첩산중 홍천의 기운이 전해지길 바란다.

2022년 겨울

편집자 신선숙

1

아직 멀었어?

박해진

"아직 멀었어?"

옆자리에서 조용하던 친구가 드디어 한마디 한다. 30년지기 대학 동창이지만 사는 데 바쁘다 보니 한동안 연락이 끊겼었다. 그대로 잊히나 싶었는데 3년 전 SNS를 통해 소식을 주고받기 시작했다. 그러다 갑자기 잡힌 서울행에서 잠시 틈을 내 약속을 잡았고 만나자마자 우린 주저할 틈도 없이 학창 시절로 돌아가 서로의 기억력을 점검하기 시작했다. 그거 기억나니? 그 카페, 그 친구, 그 교수… 그 시간을 다 돌아보기엔 우리의 시간은 짧았고, 다시 만날 약속을 했지만 아쉬움에 헤어지는 시간을 계속 늦추고 있었다. 미루다 미루다 밤 운전이 힘들어진 나이 탓에 내가 먼저 자릴 털고 일어났고 그러자 친구는 내가 사는 곳이 궁금하다며 출발하는 자동차의 보조석을 차지하고 앉아버렸다. 어리둥절한 나에게 50대의 주부란 외박 정도는 전화 한 통으로 해결할 수 있어야 한다며 문자로 외박 사실을 통보하고는 흥분해서 빨리 가자고 재촉했다. 더 늦어지면 한밤중에 도착할 터라 일단 출발은 했다. 나는 서울을 벗어나기 전에 다시 물었다.

"아무리 그래도 이렇게 가는 건 아니지 않니?"

"괜찮아, 신랑도 친구 만나면 외박하곤 했어. 너 만난다고 하니까 '늦게 오겠네' 그러기에 '오늘 안 들어갈 수도 있어' 하고 나왔는데 진짜 그러네. 호호홍, 그런데 배고프니까 저녁 먹고 가자. 강원도라면서? 그럼 집 근처에 맛집 많겠네. 거기서 먹자."

"…"

좀 전에 간단하게 내가 사는 곳에 대해 이야기했지만 강원도니까 그냥 멀다고 생각하나 보다 싶다. 7시가 넘어 출발했으니 서울을 벗어나 홍천에 도착하면 8시는 넘을 거고, 집에 가면 10시는 될 텐데… 속으로 시간 계산을 하면서 그 시간이면 홍천 읍내의 식당들도 마감 준비를 할 때고 터미널 주변의 국밥집이나 가능한 시간이다. 이걸 어떻게 말해야 하나 고민스럽다. 차라리 가평휴게소에서 먹자고 할까.

"나, 화장실도 가야 하니까 휴게소에서 저녁도 먹고 쉬었다가자."

"그럴까. 그러자. 나 휴게소도 오랜만이야. 명절 때 시댁 가는 거 말고는 나갈 일이 없잖아."

휴게소에 도착해 저녁을 먹고 커피 한 잔씩 들고 나서니 사방이 어두워져 있었다. 차에 오르면서 친구가 한마디 한다. 얼마나 남았냐고….

'친구야, 내가 사는 곳은 멀디멀다는 홍천에서도 한 시간을 넘게 들어가야 하는 곳이란다. 해가 지면 사방이 깜깜해지는, 상점도 식당도 없는 도시민들이 흔히 말하는 그 '오지'란다. 앞으로 넌 두 번은 더 '아직 멀었니'를 물을 거야…. 한 번은 홍천 톨게이트에서, 한 번은 굽이굽이 돌아오는 고갯마루에서.'

처음 우리 집을 찾아오는 사람들은 내비게이션에 찍힌 시간보다 평균 한 시간은 더 넘어야 도착한다. 서울을 벗어날 때까지만 해도 기대감에 가득 찼던 마음은 홍천에 도착해 극대치에 다다르고 30분이 지나면서부터 지루함에 빠지고 내면에 다다르면 출발할 때의 기대감은 다 사라지고 슬슬 지루해한다. 아직 30분을 더 가야 하는데…. 20년 전 처음 이곳으로 왔을 때 나도 그랬다. 업무 관계로 오전 회의를 마치고 출발한 팀은 점심을 휴게소에서 먹고 2시가 다 돼서야 도착했다. 지명도 위치도 모르고 그저 차에 실려 간 거라 별다른 느낌은 없었지만 일을 끝내고 출발해 10시쯤 집에 도착해서도 몸이 흔들거리는 느낌을 받는 순간 하루 종일 차를 타고 다닌 실감이 났다.

홍천은 군 소재지로 전국에서 최대의 면적을 자랑한다. 동서로 길게 자리하고 있고 서쪽 끝에서 동쪽 끝까지 거리만 약 150km, 차로는 두 시간이 걸린다. 홍천 내에서도 양쪽 끝 지역은 서로 왕래도 거의 없다. 각각 인접한 서울과 양평, 양양과 평창이 더 가깝고 실제 생활권이 홍천 읍내라기보다 그쪽이기 때문이다. 그중에서도 내면은 동쪽 끝에 위치한 곳으로 면단위 면적은 전국 최고를 자랑한다. 그렇지만 인구 밀도는 전국 최저다. 거기엔 사람이 살

만한 공간이 별로 없는 곳이란 것과 생활편리성이 많이 떨어진다는 뜻이 숨겨져 있다.

내면은 백두대간 설악산과 오대산 중간에 위치해 있다. 평균 해발 650m 이상이고 구룡령, 운두령, 율전 뱃재고개 등 각각 800~1,000m가 넘는 고개를 넘어야 진입이 가능하다. 그나마 인제에서 넘어오는 길이 포장되고, 영동고속도로로 향하는 보래령 터널이 뚫려서 접근성이 좋아졌다. 혹자는 홍천을 지나는 양양 고속도로가 생겨 빨라지지 않았냐고 하지만 내면 주민은 고속도로를 이용하지 않는 편이다. 지역에 따라 다르긴 해도 10~15분 정도 단축될 뿐 통행료를 계산하면 딱히 혜택은 없다. 그뿐인가. 구룡령 1,013m, 방태산 1,435m, 오대산 1,500m 내외, 계방산 1,577m, 석화산 1,146m, 행치령 777m, 뱃재고개 828m. 내면은 이 산과 고개들로 둘러싸여 있다. 내면은 그 자체가 커다란 산이란 거다. 그냥 산골이다.

덕분에 내면은 정감록에도 이름이 올라가 있다. 정감록은 정서라기보다는 조선 시대에 떠돌던 일종의 예언서로 조선 후기 임진왜란이나 병자호란 등으로 왕권에 반감을 갖던 백성들 사이에 떠도는 이야기를 모은 책이라고 한다. 음양오행을 기본으로 풍수지리를 보고 새로운 도읍지나 살기 좋은 곳을 적어두었다고 한다.

그곳에 나온 피장처(전쟁, 가뭄, 역병, 화재를 피할 수 있고 물과 산이 있어 먹을 게 풍부한 지역)인 십증지(열 곳) 중 하나가 삼둔사가리라는 곳이다. '둔'이란 언덕, '가리'는 개울을 뜻한다. 다시 쓰면 3둔4가리. 이 중 삼둔은 내면에 사가리 중 세 곳은 산너머 동네인 인제에 하나는 내면에 있다.

지금도 삼둔에 속하는 곳은 내면에서도 농사도 잘되고 사람들도 모여 살고 있으며 풍광도 좋다. 사가리 중 하나인 명지가리는 오대산 자락 명개리이니 그 풍광은 말만 듣고도 수긍이 간다. 삼둔은 각각 지명도 이쁘다. 살둔, 월둔, 달둔. 살둔은 살 만한 언덕이란 뜻으로 지금은 관광지로 이름이 나 있지만 버스도 들어가지 않는 곳이고 마을 내 매점도 식당도 없다. 월둔은 달이 사는 언덕이란 이름으로 방태산을 끼고 있지만 달이 사는 곳이라 그런지 나무가 울창하고 물길이 깊어 부락 형성이 되어 있지 않다. 하지만 아이러니하게도 내면의 야생 산약초나 산나물은 월둔이 최고다. 달둔은 이 언덕까지 이른다는 뜻으로 제일 북쪽에 있지만 제일 주민들이 많이 모여 사는 곳이다.

전쟁과 가뭄, 역병을 피하는 곳. 여기가 정말 그랬다. 2000년 대한민국은 이미 아시안게임과 올림픽을 치르고 선진국으로의 도입을 기다리고 있었고, 2년 후 월드컵 준비에 온 나라가 들썩이고 있었을 때다. 그런데 후에 알게 된 이야긴데 주민들은 아시안게임이나 올림픽은 보지도 듣지도 못했다고 한다. 내가 처음 들어간 2000년도에도 동네에 TV가 없었으니 당연히 몰랐을 거다. 더 놀랄 일은 1996년 강릉 무장공비침투사건 때 그 공비들의 퇴로가 지금 내가 살고 있는 이 동네였다고 한다. 공비들의 퇴로를 정할 땐 되도록 인적이 드물고 민가가 적은 곳을 택할 터. 오대산을 넘어 방태산, 설악산을 넘는 길이 그거다.

공비들도 알아주는 산골 오지. 내면은 그런 곳이다. 누구나 올 수 있지만 아무나 오지 못하는 곳. 그 '아무나' 중의 한 명이 지금 내 차 조수석에서 졸고 있다. 휴게소를 출발해 식곤증으로 졸던 그녀가 내촌 톨게이트를 빠져나오는 흔들림에 눈을 떴다. 불빛도 없는 컴컴한 차창 밖 풍경에 놀랐는지 한마디 한다.
"여기 어디야? 아직 멀었어?"
목소리엔 출발할 때의 흥이 이미 다 사라졌다.
"응, 아직 멀었어…."
"뭐야… 넌 대체 어디서 사는 거야?"
이제부턴 굽이굽이 고갯길을 넘어가야 한다. 이때쯤이면 잠들었던 사람들은 잠이 깨고, 도란도란 이야기하던 사람들은 슬슬 지루해지고, 컨디션이 좋지 않은 사람들은 메스꺼움과 두통을 호소한다. 깜깜한 밖이라 풍광을 볼 수도 없으니 내면에 도착할 때쯤이면 말도 없어지고 짜증섞인 말투로 한마디를 기어이 하는 것이다.

"아직 멀었어…?"

이 말을 세 번은 들어야 도착하는 우리 집, 홍천군 내면이다.

'친구야, 우리 집에 도착하면 넌 괜히 왔나 싶을 거야. 피곤하기도 하겠지만 밖은 암흑천지라 곧 잠들 거고. 그렇지만 내일 해발 700m 백두대간 숲을 마주하는 아침을 맞이할 거야. 지금 이 지루함은 말끔히 잇고 집에 가기 싫다고 투덜대겠지. 그게 우리 집에 처음 온 사람들의 루틴이야.'

그녀의 반응을 상상하며 핸들을 다시 잡는다.

2

망해버린 나의
홍천라이프

—
정
미
진

　서울에서 나고 자라 학교와 직장을 다녔고 결혼도 서울 남자와 해서 서울권에서 벗어난 적이 없는 내가 마흔 중반에 남편의 귀촌 의지로 홍천에 내려왔다. 아니 끌려왔다. 살면서 시골은 여행할 때 잠깐 해방감을 느끼게 해준 것 말고는 가볼 생각도, 생활해볼 생각도 전혀 없는 곳이었다. 게다가 자연을 좋아하지도, 동물을 사랑하지도, 아이들을 이뻐하지도 않는 사람이 바로 나인데 어느새 나는 홍천에서 동물체험 캠핑장을 운영하고 살았다.

　나는 귀촌이 싫었다. 도시의 안락함을 다 포기하고 안 봐도 빤히 불편할 시골에서의 새로운 환경이 무서웠다. 아직 아이가 학교를 다녀야 하는데 당장 가서 뭘 해서 먹고살고 아이 학비를 댈 것인가? 한 달에 두어 번은 술친구인 남편과 밤 문화를 즐겨야 하고, 한 달에 한 번쯤은 백화점에 가서 아이쇼핑도 해야 하고, 동생이나 친구들과도 한 번씩 만나 카페에서 수다도 떨어줘야 하고, 내가 보고 싶어하는 신작 영화와 내가 좋아하는 책 정도는 봐야 하는 어쩌면 지적 허영심까지 장착하고 있는 사람이 또 나였다. 시골을 전혀 모르는 내가 뭘 할 수 있을지, 내가 과연 잘 적응할 수 있을지 아무리 답을 구해 봐도 '자신이 없다'는 생각 뿐이었다. 아니 왜 서울에 부모 형제 친구들 다 놔두고 굳이 시골로 간담? 그 자금으로 서울 외곽에 건물 사서 월세 받고 소소하게 아르바이트도 하면서 살자고 남편을 설득했지만 귀촌에 단단히 꽂힌 남편을 되돌릴 수 없었다. 무슨 아메리카 드림도 아니고 귀촌 드림인가?

사람과 술 좋아하고 일 벌이기 좋아하는 남편이 잘 다니던 회사를 정리하고 귀촌에 꽂혔다. 그 당시 TV에서 귀촌 방송을 하고 있었고 하필이면 그즈음 서방님이 양평에서 일을 할 때였다. 남편과 서방님이 신나서 귀촌지를 고르고 준비하고 있을 때도 나는 반대했다. 신기하게도 동서는 반대를 안 하더라. (결국 동서네는 귀촌을 안 했다) 내가 반대만 하니 시부모님과 주변의 압박이 더해졌다. 나라에서 추천하는 귀촌을 왜 반대만 하냐고…. 홍천을 내려오는 시기를 되도록 늦추고 늦추다가 결국은 남편이 귀촌하고 3년 만에 끌려왔다.

홍천라이프가 시작되었다. 내려와 보니 집은 지어져 있고 체험장과 우리가 살 수 있는 생활 기반 시설도 대충 갖춰져 있었다. 체험장과 기반 시설은 갖춰졌는데 정작 체험 손님이 없었다. 홍천에서 기반을 닦는 3년 동안 통장도 곶감 빼먹듯이 줄어가고 있었다. 당장 뭘 먹고살아야 하는지가 걱정이 되었다.

일단 남들도 다 한다는 텃밭 농사에 도전했다. 남들은 그냥 하는 일이 나에게는 도전에 가까웠다. 도시 살 때도 시아버님이 텃밭 농사를 지으셨지만 한 번도 가본 적이 없었고, 시아버님이 수확물을 가져오면 마트 가면 깨끗하게 다듬어진 농산물을 쉽게 살 수 있는데 다듬어지지 않아서 더 손이 많이 가는 수확물이 짜증나기만 했었다. 남들이 다 키우기 쉽다는 선인장도 한 달 만에 죽여 보낸 이력이 있는데, 텃밭 농사라고 잘하겠는가.

남편만 믿고 텃밭 농사를 하겠다고 장에서 말도 안되는 빠알간 꽃장화도 사고, 상추와 쌈채소 씨앗 두 봉지도 사고, 남편과 함께 체험 손님에게 제공하겠다며 상추 쌈채소 씨앗 심기에 도전했다.

포트판과 흙, 쌈채소 씨앗 두 봉지, 핀셋 그리고 물조리개와 검은 천까지 준비가 끝났다. 포트판에 흙을 넣고 상추 씨앗을 종이에서 꺼내다가 나는 식겁했다. '엥? 뭔 씨앗이 이렇게 작아?' 그런데 남편은 '한 칸에 한 개씩만 넣어'라고 명령(?)을 했다. '이래서 핀셋을 준비한 거구나.' 하는 생각도 들었다. 알겠다고 대답은 했지만 한 칸에 몇 개씩 집어넣었다. 98구짜리 포트판 한 구멍에 어떻게 한 개만 집어넣겠는가. 게다가 쭈그려 앉은 자세여선지 허리도 아프고 다리도 아팠다. 흙을 담고 위에 검은 천을 씌우고 물조리개로 물을 뿌리면서 쌈채소 씨앗 심기가 끝이 났다. 보름쯤 후에 씨앗을 몇 개씩 뿌린 게 들통났다. 모종 하나에 상추가 몇 개씩 올라왔다고 모종 정식하면서 남편이 구시렁거렸다. 이후에 감자 고랑에 비닐을 덮을 때도 잘못한다고 불려 나왔고, 혼자 감자 수확하는 남편이 안쓰러워 호미 들고 감자 캐다가 감자를 너무 찍어놓는다는 잔소리에 호미를 던지고 나온 적도 있었다. 남들은 흙을 만지고 잡초를 뽑으면 힐링이 된다던데, 왜 난 흙을 만져도 힐링은커녕 일 시작 전부터 허리도 아픈 거 같고 힘들기만 한 건지. 농사일 할 때마다 사고를 치니 어느새 농사일에 나를 부르지 않았다. 이거 의도치 않았지만, 성공한 건가?

    초등학교 2학년 때 외가에 갔다가 닭에게 코를 쪼이기도 했고, 3학년 때 동네 개에 쫓겼던 트라우마도 있는 내가 얼마 후 동물체험농장을 하게 되었다. 어찌 되었던 밥은 먹고살아야지 않겠나

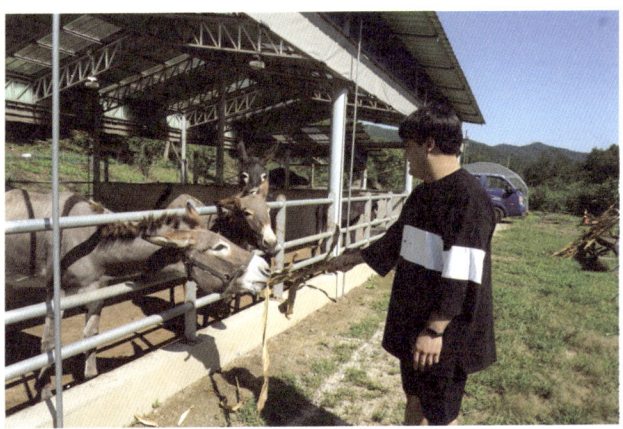

하는 절실함이 트라우마도 이겨내게 만들었다. 흔한 동물 체험농장을 운영하고 싶지는 않았다. 이런저런 고민을 하다가 남편이 병아리를 키워보자고 했다. 내 생각에도 '병아리라면 귀여우니까 아이들이 좋아하겠네, 계란도 먹을 수 있고'라고 생각했다. 4월 초 막 알에서 깬 병아리들을 구해왔다. 홍천의 4월은 추운데 그 생각은 못 하고 가져온 터라 따뜻한 곳에서 키워야 했다. 임시로 닭장을 만들고, 전구를 위에 달고, 추울까 싶어 작은 닭장 위에 담요까지 덮고, 매일 밤마다 홍천 기온을 체크했다. 지금도 그렇지만 쓰잘데없이 땅만 커서 수시로 병아리 물 주고 밥 주러 멀리까지 가야 했다. 남편이 주로 담당이었지만 가끔은 내가 가서 체크를 해야 할 때도 있었다. 병아리는 이뻤지만 오르락내리락 하는 게 귀찮기도 했고 혹시라도 손을 쪼일까 봐 겁도 났다. 그렇게 한 달 가까이 키워 진짜 닭장으로 옮기게 되었다. 박스를 들고 미리 만들어 놓은 닭장으로 병아리들을 옮기게 되었다. 도시 살 때에도 배추 다듬다가 벌레만 나와도 배추 던지면서 소리 지르고 도망가는 내가 내 손으로 박스 안에 병아리를 담아서 옮기기도 하게 되더라. 물론 지금도 벌레나 개구리가 집 안으로 들어오면 '으악' 소리에 남편이나 아들이 쫓아와 치워주긴 한다. 그렇게 병아리를 키웠는데 이쁜 병아리 시기는 생각보다 금방 지나가서 체험 온 아이들의 관심을 받는 시기는 소리 없이 지나갔고 계란도 추석 즈음에 낳기 시작했다. 강원도의 겨울은 또 너무 빨리 와서 겨울엔 추워서 계란을 아예 안 낳거나 낳아도 얼기 일쑤였다. 물론 그 다음 해 봄부터 계란을 조금씩 먹을 수 있게 되긴 했지만 사료비도 만만치 않았고 생각한 만큼 가성비가 좋은 편도 아니었다. 닭을 키운다니 주변이나 농장에 오는 지인들이 어찌나 토종닭 타령을 하던지 잡을 줄은 몰라서 잡는 곳에 보내고 그렇게 남 좋은 일만 했다.

동물을 좋아하지도 않고 무섭기까지 했지만 나에겐 밥벌이를 못 하는 게 더 무서웠다. 동물들에게 애정을 가져보려고 이름도 지어주고, 체험을 해야 하니 동물들에 대해서 자료도 찾아보면서 그렇게 귀농 쌩 초보 부부가 좌충우돌하면서 체험 손님은 없어도 다른 곳과 차별화된 동물 체험장을 만들어갔다.

자고로 시골은 잠깐 놀러 갈 때가 좋지 나 같은 사람이 살 곳은 아니었다. 철 들고부터 주택이 아닌 아파트에서만 살았던 난 주택이 불편하다. 문밖을 나가면 만나는 흙바닥도 불편하다. 도시에 살 때는 런닝 머신보다 흙바닥에서 걷는 걸 좋아했는데 문밖에서부터 바로 만나는 흙바닥도 살기에 편치 않았다. 마음의 준비 없이 집 안팎에서 만나는 벌레와 다양한 생물들이 무섭고 힘들었지만 적응하면서 지냈다. 지금 생각해 보면 이 나이에 실패하면 다시 일어나기가 힘들겠구나 하는 무서움이 내 마음 한편에 있었던 듯하다.

    내가 불편하고 힘든 홍천 생활에 강제로 적응되어가고 있던 동안 남편은 남편대로 가장으로서 책임감을 지켜내려고 노력했던 듯하다. 내가 남편과 결혼한 이유 중에 적어도 '이 남자와 사는 동안에 고생은 안 하겠다'라는 확신이 제일 컸다. 물론 둘 다 술을 좋아해서 술친구 하다가 정이 붙기도 했다. 결혼하자마자 시부모 모시고 살면서 내 편보다는 부모님 편을 많이 들긴 했지만 그래도 내가 말을 하면 어느 정도 들어주려고 하는 모습은 있었다. 그리고 어떤 일이든 닥치는 일에 대한 실행력은 단연코 으뜸이었다. 그 실행력이 상황에 따라 뚝심으로 보일 때도 있었고 똥고집으로 보일 때도 있었다. 내가 반대하는 귀농을 무조건 밀어붙인 건 뚝심이었을까 똥고집이었을까? 홍천 생활이 생각보다 잘 안 풀릴 때마다 가장으로서의 책임감이었던지 농사일에 더 열심인 모습을 보일 때도 있었다. 도시에 살 때는 만지는 것마다 고장 내고 부수곤 해서 '마이너스의 손'이라고 남들에게 자랑스레 말하던 남편이 홍천에 와서는 동물도 잘 키우고 농사도 잘 짓는 모습을 보면서 자연과 잘 맞는 사람인가 싶기도 했다.

통장 잔고가 곶감 줄 듯 줄어들 때마다 나도 뭐라도 해야겠다는 조바심이 일기 시작했다. 일단 농사도, 또 그럭저럭 하고는 있지만 동물 키우는 것도 나와 안 맞는다는 걸 온몸으로 체감하는 중이었고, 게다가 귀농이나 시골에 관심 자체가 없는 채 끌려온지라 아는 게 너무 없었다. 그래서 교육을 받아보기로 했다. 그때부터 홍천 농업기술센터에서의 교육 열정이 시작되었다. 첫 시작은 농업인 대학 과정이었는데 네 개 과정에서 내가 들을 수 있는 과정은 마케팅밖에 없었다. 농사와 동물 관리는 남편이 하면 되고 체험장에 손님이 안 오니 당장 마케팅을 배워야 듯했다. 지금도 그렇지만 그때가 농부들이 SNS를 시작할 즈음이었고 그렇게 나는 블로그를 만나게 되었다.

어느 날 체험 가족이 농장으로 들어왔다.

"어떻게 오셨어요?"

"여기 동물 체험하는 곳 아닌가요?"

"네, 맞아요. 들어오세요."

첫 손님이 신기하기도 했고 열심히 설명하고 열심히 쫓아다니면서 체험을 진행했다.

"그런데 어떻게 알고 오셨어요?"

"블로그 보고 왔어요."

이 말에 눈이 번쩍 뜨였다. 나에게도 할 수 있는 일이 생겼다! 그날 이후 매일 블로그에 매달렸고 저녁마다 12시 전에는 잠자리에 들지 못했다. 키워드를 공부하고 해시태그를 공부하고 열심히 포스팅하면서 손님이 늘어갔다. 덩달아 남편도 신나하기 시작했다. 내가 밤마다 컴퓨터와 씨름하는 통에 시어머니의 잔소리가 시작되었지만 남편이 다 막아주었다. 아마 처음이었던 듯하다. 덕분에 나도 신나게 블로그에 집중할 수 있었고 할 수 있는 일이 있다는 것이 결과로도 나타나 뿌듯했다.

그렇게 체험농장과 캠핑장은 상승세를 타기 시작했고 통장의 곳감도 조금씩 채워져가기 시작했다. 체험장에 손님이 늘어가고 캠핑장 사이트가 넉넉히 채워지고 겨울엔 장박 캠핑도 늘어가면서 남편은 남편대로 나는 나대로 몸은 힘들지만 얼굴에 생기가 돌기 시작했다. 블로그 덕분인지 방송국 촬영 연락도 오기 시작했다. 남편은 '방송 무조건 찍자', 난 '힘들어서 싫다'로 또 옥신각신했다. 도시 살 때는 말하면 듣는 시늉은 했던 남편이 언젠가부터 나를 설득하기 시작했다. 결국은 또 홍천에도 끌려온 것처럼 남편이 하자는 대로 방송을 찍었다. 결혼을 하고 시부모님과 같이 살면서 항상 그랬다. 남편은 하고 싶은 일은 해야 하고 항상 일을 벌이고 정신없이 쫓아가면서 뒷마무리는 내가 다하고, 그러다 한

두 개 흘리면 또 잔소리는 내가 듣고…. 방송 방영분 20분 찍겠다고 2일 동안 체험 손님을 모두 돌려보냈다. 남편의 의도는 체험장을 알려보자였는데 방송국 사람들이 그렇게 호락호락하지 않아서 자기들 콘셉트대로 찍으려고 했다. 농장을 홍보하는 데 도움이 되자고 촬영하는 거 아니었나? 홍보는커녕 우리 시간만 뺏겼다. 그 다음부터는 방송 촬영은 콘셉트를 먼저 알아보고 농장 홍보가 아니라고 판단되면(남편은 그래도 촬영하고 싶어 했고 출연료도 받는 걸로 합의도 봤지만) 사정없이 쳐냈다. 체험 손님도 못 받아가며 내 에너지를 쏟고 싶지 않았다.

동네 분위기가 이상했다. 사람 좋아하고 일 벌이기 좋아하는 남편이 이장에 당선될 것 같은 분위기가 감지됐다. 이장 선출 마을 회의를 하는 날 아침을 먹으면서 내가 말했다.

"이장 하지 마."

"왜?"

"나, 자신 없다. 당신은 하고 싶은 것 같은데 그거 아무나 할 수 있는 일도 아니고 당신은 농장일에 집중해야지 않겠어?"

지금 하는 농장일도 벅찬데 이장이라니. 남편의 두리뭉실한 대꾸가 찜찜했지만 설마설마했다. 난 서울에 동생들을 만나러 갔다. 한참 점심 먹고 있는데 마을 면사무소에서 공익생활을 하던 아들에게서 카톡이 왔다. '엄마, 아빠 이장 됐나 봐, 면사무소 직원들이 와서 얘기해주네.' 남편에게 연락하니 할 사람이 없어서 추대되었단다. 보통들 그렇게 이야기하고 완장을 차게 되지라는 생각이 들었다. 그렇게 남편은 이장이 되었다. 이장이라고 하면 이장 안사람은 부녀회장이 하는 일 정도는 거뜬히 해야 한다고 알고 있는데 심란했다. 그날 저녁 남편에게 축하보다는 짜증을 냈다. '농장일은 어떻게 하려고'는 핑계였고 실은 내가 마을일에 자신 없어서였다. 항상 나는 내 농장이 1순위였다.

남편이 마을 이장이 되면서 농장일에 조금씩 구멍이 나기 시작했다. 체험 손님이 왔는데도 마을일 보러 나가기도 하고 수시로 마을일 한다고 들락거렸다. 농장은 그럭저럭 꾸려나갔지만 조금씩 삐그덕거리기 시작했다.

"매일 어딜 그렇게 나가?"

"내가 놀러가냐? 사업하러 나간다."

그러다가 학교 단체 체험 예약을 받아오기도 했다. 그래도 난 내가 불편하니 남편이 이장인 게 탐탁하지 않았고, 마을일은 남편이 열심히 하니 나는 농장일에 더 집중했다. 사실 내가 마을에 가서 할 일도 없을 거라는 자기합리화도 했다. 당장 내가 먹고사는 게 중요하다는 마음과 함께.

 그렇게 7년 가량을 다른 곳과 차별화된 농장을 만들고 싶어서 다양한 시도들을 많이 했다. 단순 체험이 아닌 교육 과정과도 접목시켜 강원도 농촌교육농장 프로그램 경진대회에서 대상도 받고, 젊은 피인 아들의 의견도 받아들여 체험농장과 캠핑장은 꾸준하게 상승세를 탔다.
 그러다 2019년 겨울, 코로나가 왔다. 엎친 데 덮친 격으로 남편 건강에 이상이 생겼다. 남편과 같이 농장을 운영할 때 주변에서는 우리가 합이 잘 맞아서 무조건 잘 될 거라고 부러움도 많이 받았는데…. 남편 없는 체험농장은 혼자서 도저히 끌고 갈 수 없었다. 나는 어쩔 수 없이 농장을 정리하기로 했다. 그렇게 홍천에서의 인생 1막이 서서히 저물어가고 있었다.

3

내 이름은
홍천군
문화관광해설사

—박경희

　50여 년의 도시 생활을 접고 내 인생 제2막을 시작한 곳은 물 좋고 아름다운 경관을 자랑하는 강원도 홍천이다. 편리한 대형마트와 잘 발달된 교통 환경을 뒤로 하고 아무런 연고도 없는 홍천으로 귀촌하기까지의 과정은 결코 쉽지만은 않았다. 강과 산으로 둘러싸인 홍천에서의 생활에 불편함도 많지만 번잡한 도시에서는 느낄 수 없는 평온함과 일상의 여유로움이 삶을 더욱 풍성하게 만들어준다. 하루의 시작을 자연과 함께하다 보니 계절의 변화, 특히 산 색깔이 바뀌는 것을 가까이서 바라보는 기쁨이 크다.

　나는 홍천으로 귀촌한 뒤 문화관광해설사로 3년째 일하고 있다. 처음부터 문화관광해설사를 생각했던 것은 아니었다. "사랑하면 알게 되고 알면 보이나니, 그때 보이는 것은 전과 같지 않으리라"라던 유홍준 선생님의 말씀이 떠오른다. 내가 살고 있는 이 터전에 언제부터 사람이 살게 되었는지, 그들의 손길로 빚어진 유물들은 어떤 이야기를 품고 있는지 하나하나 알아가다 보니 예전에는 관심이 없었던 지역에 대한 궁금증과 호기심이 일어 시작한 일이었다. 홍천의 새로운 역사에 눈을 뜨고 새롭게 공부하면서 알려지지 않은 홍천의 문화유산들을 더 많은 사람들에게 알리고 싶은 마음이 생겨났다. 나는 어느새 홍천군 문화관광해설사로 나만의 새로운 도전을 시작하고 있었다.

홍천군에서는 딱 세 곳에서 해설사를 만나볼 수 있다. 먼저 서면에 위치한 한서 남궁억 기념관이다. 한서 남궁억 선생은 일제강점기에 나라꽃인 무궁화를 전국에 널리 보급하려 애쓴 분으로 이곳은 남궁억 선생의 인생 전체를 알 수 있는 기념관이다.

다음은 영귀미면에 위치한 수타사 농촌테마파크이다. 넓은 면적에 물길이 흘러 수변 공원으로 조성된 곳이다. 다양한 꽃과 나무로 둘러싸여 옛날 선조들이 사용했던 농기구, 생활했던 초가집을 재현해 온 가족이 함께 즐길 수 있다. 마지막으로 영귀미면에 자리한 천년고찰인 수타사이다. 수타사는 강원도 전체에서 6.25 한국 전쟁 중 유일하게 불타지 않은 가장 오래된 절이다. 절의 규모는 크지 않으나 국가 지정 보물 두 점과 강원도 유형 문화제 일

곱 점, 강원도 문화재 자료가 두 점 있는 작지만 알찬 곳이다. 선조들의 다양하고 재미있는 이야기를 들려주기 위해 문화관광해설사가 사람들을 기다리는 장소이기도 하다.

    나는 홍천군에서 문화관광해설사로 일하는 것이 즐겁다. 매일 불특정한 새로운 방문객들을 만나는 일은 도전이고 설레임이다.
    얼마 전 서울에서 스무 명 넘는 분들이 해설을 원하신다고 주중 해설을 예약하셨다. 그분들과 만나 인사를 나누면서 문화해설사로 일하기 전 수도권에 살다 귀촌하였다고 말씀드리니 다짜고짜 홍천에는 큰 병원이 있는지 물어오시는 부부가 계셨다. 나는 홍천 아산 병원을 말씀드리고 귀촌한 사연을 잠시 말씀드렸다. 그분들도 귀촌에 관심이 많으나 병원 때문에 도시를 떠나지 못한다고 하셨다. 실제로 우리 시어머니께서도 그렇게 말씀하신다. 귀촌은 여러모로 큰 결심이 필요한 일이다.
    짧은 담소를 나누고 본격적인 문화해설에 들어갔다. 나는 수타사에 보관된 불교 관련 유물 해설을 맡고 있는데 그날따라 내가 불교 신자가 아니라 기독교 신자라는 이야기로 해설을 시작했다. 절 입구에서부터 박물관까지 코스를 다 돌아보고 마지막 인사를 드렸는데 아까 병원을 물어오신 부부께서 차 한잔을 대접하고 싶다고 하셨다. 나는 다음 일정이 있다는 핑계를 대고 공손하게 거절하고 박물관으로 들어오게 되었는데 10분 뒤에 손에 차 한 잔과 간단한 간식을 들고 들어오시는 부부를 만났다. 해설이 고마웠다며, 사실 본인들이 기독교 신자라 절 안에 들어오는 것이 불편했는데 해설사가 먼저 기독교 신자임을 밝히면서 절 유물과 부처님에 대해 이야기하는 것을 듣고 느끼는 바가 많았다고 하셨다. 내가 전해드린 이야기를 통해 종교라는 벽을 넘어 문화재 자체의 본질을 볼 수 있었다는 말씀에 해설사로서 큰 기쁨을 느꼈다.

내가 문화관광해설사로 일하는 수타사는 불교라는 주제를 떠나서도 조선시대 선비들의 한시에도 등장하는 곳이다. 조선시대 선비들은 금강산과 관동 8경을 구경하고 그 느낌을 시나 기행문, 그림으로 남기는 것이 인생의 버킷리스트 중 하나였다고 한다. 자연스럽게 선비들이 금강산 유람을 마치고 한양으로 돌아가기 위해 영서교통로인 홍천을 지나며 수타사에 들렀고, 이곳에 며칠 머무르면서 남긴 수많은 문학 작품들을 찾아볼 수 있다. 절 옆의 용담과 너른 바위 위에서 차나 술을 앞에 두고 저물어가는 석양을 바라보며 홍천을 노래한 한시, 홍천을 기록한 기문과 여행기 등이 대표적이다. 오늘날도 그에 못지 않게 해마다 봄철 수타사 둘레길에는 문해교실에 다니는 어르신들이 한글을 깨우치시면서 자신들의 인생을 시로 표현하여 전시하는 행사가 열리기도 한다. 조선의 선비들이 남긴 글에서 느끼는 감성이나 지금을 살아가는 어르신들의 감성이 함께 머무는 곳이 바로 이곳 홍천 수타사이다.

비오는 날 수타사는 정말 오감을 만족시키는 곳으로 공작산에 둘러싸인 절은 산허리를 타고 오르는 운무에 덮혀 몽환적이고도 신비롭게 보인다. 기와지붕 처마 끝에서 떨어지는 비소리는 마음을 차분하게 만들고 세상사 욕심을 더 내려놓으라 내게 이야기한다. 고즈넉한 산사에 스님의 독경 소리와 목탁 소리가 울려 퍼질 때 그래 오늘도 나의 도전에 최선을 다하자 다짐하는 곳이다.

수타사 뒷동산은 봄에는 산철쭉이 분홍색 옷을 입고, 여름에는 절을 둘러싼 산소길에 조팝꽃이 흐드러지게 피어 있다. 가을은 절 안 풍경을 코스모스 축제로 바꾸며 울긋불긋한 등산복을 입은 사람들과 건물 기둥에 예쁘게 칠한 단청 색깔이 서로 섞인 듯 현란하다. 눈 내리는 겨울에는 스님이 내려주시는 향기로운 차 한 잔을 마시고 있노라면 절 마당에 내려앉는 눈이 소리 내어 소복소복 쌓이는 것 같은 환청이 들려오는 것 같다. 홍천으로 귀촌한 것과 수타사 해설사로 오게 된 것이 인연법 따라 움직인 거라는 스님의 덕담이 예사롭게 들리지 않는다.

문화관광해설사로 일하면서 올 초에는 생각지도 못한 곳에서 연락이 와 방송에서 수타사를 소개한 일도 두 번 있었다. 새로운 도전이 불러온 인연이었다.

나의 새로운 도전이 시작된 홍천에 집을 짓고 생활하면서 남편과 사계절 두루두루 다녀봤던 장소 중 내가 개인적으로 가장 좋아하고 사랑하는 곳이 세 군데 있다. 하나는 위에서 이야기한 수타사이고 나머지는 가리산과 용소계곡이다.

홍천에는 한국의 100대 명산에 속하는 팔봉산, 공작산, 가리산, 계방산이 있다. 그중 가리산은 홍천 9경 중 2경에 속하는 아름다운 산이다. 천 고지(1,051m)가 넘는 산으로 자연 휴양림답게 산책 코스가 잘 되어 있지만 정상을 앞두고는 로프 코스가 있어 암벽 타듯이 올라야 하는 난해한 산이기도 하다. 원래부터 산에 오르는 것을 좋아하지 않아 도시에 있을 때 집 근처에 해발 344m 불곡산도 나는 겨우 올라가곤 했다.

가리산 등산은 초입은 가벼운 마음으로 시작했는데 중반쯤부터는 정신이 반쯤 안드로메다에 가게 되었다. 가도 가도 끝나지 않을 것 같은 미로 같은 등산로를 오르며 숨이 턱에 차올라 말을 할 수 없는 지경이 될 즈음 산 정상에 도달하게 되었다. 산 정상에서 맞이한 바람은 시원한 청량함을 안겨주었고 발 아래 펼쳐진 소양강 댐을 바라보자 그제서야 포기하지 안고 끝까지 완주한 내 자신이 대견하게 느껴졌다. 이 또한 나의 새로운 도전의 결과였다. 후들거리는 다리로 기다시피 내려간 하산길. 그 길의 피날레는 산 밑에 있는 막국수 집이었다. 시원한 막걸리 한 잔에 구수한 감자전은 힘들게 올라간 가리산 등산의 피곤함을 말끔히 치유해 주고도 남았다. 사실 나는 등산보다 그 뒤풀이가 좋다. 가리산 하면 홍천 막걸리, 홍천 감자전, 홍천 막국수에 민물 새우 수제비가 생각나는, 내 생애 최초로 천 고지가 넘는 산을 올라간 추억이다.

   용소계곡은 홍천군 두촌면과 내촌면 사이에 자리한 아름다운 홍천 9경 중 7경에 속한다. 봄, 여름, 가을, 겨울 사계절마다 풍경이 달라지는 용소계곡은 내촌면 상류에서 두촌면 하류까지 약 13km의 물길을 따라 걸을 수 있는 곳이다. 맑은 물과 우거진 숲길, 깎아지른 듯한 기암절벽이 이어지는 협곡을 이루고 있다. 용소, 합수나들이소, 너래소 등의 이름이 붙은 소 이외에도 천혜의 아름다운 경관을 자랑하는 곳이다. 그중 10km의 트레킹코스는 주로 계곡 옆에 숲길이 발달되어 있고 한여름에는 물길로 들어가서 첨벙첨벙 물길트레킹도 즐길 수 있는 곳이다. 신라의 마지막 왕자 마이태자가 고려 군사들의 추격을 피하여 금강산으로 가기 위해 이곳을 지나갔다는 군유동길 이야기와 호랑이, 삼굿구이, 용과 관련된 전설 등이 남아 있는 아름다운 계곡이다.

봄에는 철쭉이 만개하고, 여름에는 상쾌한 바람과 시원한 물길 속에서 더위를 피해갈 수 있다. 붉은 단풍잎이 계곡물에 비치는 가을날 넓은 너래소 위에 앉아 드높은 하늘과 기암절벽에 서 있는 단풍과 갈대를 바라보며 남편과 함께 커피 한 잔의 호사를 부릴 수 있는 곳이다. 눈 내리는 겨울의 용소계곡은 온통 새하얀 옷을 입은 풍경으로 계곡을 따라서 얼음을 뚫고 흐르는 물소리를 들으며 홍천의 아름다운 자연을 있는 그대로 보고 느낄 수 있는 곳이기에 나만이 알고 싶은 사계절 걷기 좋은 곳이기도 하다.

홍천은 나에게 새로운 일에 도전할 수 있게 한 곳이고 자연을 대하는 새로운 시각을 열어준 곳이다. 나는 홍천을 사랑하고 있다. 문화관광해설사 활동은 흥미롭고 즐거운 일이며 더불어 홍천을 위해 귀중한 일을 하고 있다는 자랑스러운 사명감을 느끼게 한다. 아직도 풀어나갈 이야기가 넘쳐나는 홍천에서 인생 2막의 새로운 도전은 앞으로도 계속 이어질 것이다.

4

홍천은 수국꽃이
피지 않는다

—서행연

　어린 시절 구수한 이야기를 잘 들려주시고 뛰어난 글솜씨와 그림 솜씨를 자랑했던 아버지의 영향으로 어릴 때부터 그림 그리기를 좋아했던 나. 그림을 정식으로 배운 적은 없지만 지금의 나는 매일 하루 몇 시간씩 나만의 그림 책상에서 붓과 함께 세상의 모든 꽃들을 그림으로 표현하며 살고 있다.

홍천에 살게 된 이유

　10여 년 전 낯설고 물설은 홍천에서 꿈같은 전원생활과 노년의 안락함을 꿈꾸며 과감하게 펜션 사업을 시작하겠다고 펜션을 짓기 시작했다. 홍천강이 굽어보이고, 홍천의 명소 대명 비발디와 팔봉산이 지척에 있고, 펜션이 밀집되어 있어 사람이 몰리는 다

소 높은 곳에 당시 펜션 사업의 고단함은 미처 모른 채 멋진 경치만 보고 펜션을 지었다.

그 당시 나는 내가 하면 안될 것이 없다는 오만으로 가득 차 있었다. 실제로 어떤 사업이든 손만 대면 잘나가던 때였고 조금 운영하다가 팔면 될 거라는 안일한 생각도 가지고 있었다. 그때는 설마 내가 펜션을 7년이나 운영하리라고는 꿈에도 생각하지 못했다.

펜션을 짓고 나서 내가 직접 운영해야 할 상황에 이르렀는데 프랑스 남부 지역의 휴양지를 닮은 펜션의 외관 덕분인지, 신축 펜션이라는 장점 때문인지 그해 여름은 한 달여 동안 하루도 빠짐없이 객실이 만실이었다. 초보 운영자였던 나는 새로운 환경에 적응하느라 그해 여름이 지나자 몸무게가 10kg이나 빠져 있었다.

겨울이 되자 한 번도 체감해 본 적 없는 변수 중 하나가 나타났다. 눈이 내리지 않는 부산에 살았던 나에게 눈이라는 막강한 적과의 동침이 시작되었다. 눈이 내리면 큰길에서 펜션까지 올라오는 300m가 넘는 산길을 눈서까래와 빗자루로 쓸어야 했고, 서너 시간씩 쓸고 나면 30분은 큰 대자로 뻗어 있어야 겨우 숨이라도 쉴 수 있었다.

눈 내리던 어느 날인가는 예약한 손님을 위해 밤 10시가 넘은

시각에 눈을 쓸다가 인근 종중묘에서 반짝반짝 빛나는 도깨비불을 본 적도 있다. 다음 날 이웃에게 얘기했더니 간 큰 여자라며 손사래를 쳤지만 나는 "도깨비가 뭐가 무서워요. 저는 사람이 더 무서워요."라고 대답할 정도로 무서울 게 없는 여자로 변해갔다.

그렇게 몇 년을 보낸 나는 강원도에서 근무한 군인보다 눈을 더 잘 치울 정도로 눈 쓰는 데 달인이 되어 있었다.

그때 적은 일기장을 보다가 당시의 펜션 살이에 대한 내 감정이 잘 드러나 있는 글을 발견했다.

누군가 창을 두드리는 소리에 깨어 밖을 보니

건물 외등 불빛으로 맹렬하게 달려드는 나방들…

거의 몸을 던지듯이 불빛을 향해 필사적으로 수십 번 부딪히다

어느 순간 조용해졌다가 또 다른 놈이 벽을 향해 달려든다.

아침에 일어나면 데크 위에 생을 마감한 잔해물을

연민 반 혐오감 반 그런 심정으로 치운 것 같다.

밤에는 갑자기 내려가는 기온 탓에

살기 위해 죽음도 불사하는 그들의 무모함…

살기 위해 죽을 방법을 택하는 모순…

지금도 여전히 낯선 소리가 들린다.

창밖은 가을이라는 단어로 성큼 다가온다.

2013년 9월 16일 오전 5시 10분

펜션을 운영하다 강사가 되다

펜션을 운영하면서 비수기에는 필요할 것 같은 자격증도 따고 꾸준히 그림도 그렸다. 그러던 중 3년 전부터는 홍천에 귀농귀촌한 분들을 위해 귀농귀촌연합회에서 천아트, 냅킨아트, POP, 꽃차 강의를 시작하였고 천아트라는 새로운 생활 예술에 눈을 뜨게 되었다.

천아트를 해보니 천이라는 자연 친화적인 재료에 붓으로 세상의 모든 꽃들을 다채로운 색으로 그릴 수 있어 평소에도 붓을 놓지 않고 펜션 이곳저곳에 그림을 그려왔던 나와 너무 잘 맞았다. 곧 천아트 자격증 취득에 집중하게 되었다.

섬유에 그림을 그리는 예술 작업! 세탁해도 지워지지 않는 특수 패브릭 물감으로 나무, 플라스틱, 유리, 돌 등에 그려도 반영구적이고, 오래 보존할 수 있고, 평소 펜션 주변에 심었던 무수한 꽃

들을 천 위에 표현해낼 수 있는, 내가 꿈꾸어온 예술 장르!

매주 1회 서울에서 열리는 교육 과정을 듣기 위해 아침에 출발해서 저녁에 돌아오는 강행군을 하면서도 돌아오는 길은 늘 뿌듯함으로 가득했고, 그날 꽃 그림을 배우고 오면 새벽까지 붓을 놓지 않고 반복 또 반복하는 과정을 거쳐 자격증을 취득했고, 드디어 문화 불모지인 홍천에 천아트를 보급하기 위한 시작점에 서게 되었다. 내가 평소에 하고 싶었던 일인 그림 그리는 일을 하면서 펜션은 타인에게 임대를 주게 되었고, 인근에 거주하면서 펜션 주변이나 정원 가꾸는 일은 아직도 내 손으로 직접 하고 있다.

3년차가 된 지금은 홍천군청과 홍천농업기술센터에도 출강하고, 원데이클래스도 진행하고, 꾸준한 SNS 활동으로 타지역에서도 수업 문의가 들어오고 있으며 홍천문화예술회관에서 지난 해에 이어 제2회 천아트 전시회를 개최하기에 이르렀다.

경주마는 눈 양옆을 가리고 경기에 출전시킨다. 주위를 둘러보지 말고 앞만 보고 집중하라는 의미이다. 일중독으로 너무 앞만 보고 달려온 나. 내가 좋아하는 일이자 즐거운 일인 사랑하는 그림을 그리고 있으니 아무리 일중독이라도 즐겨야 하지 않을까?

몇 년 전 수국을 좋아해 펜션에 수국 모종 열 개를 사와 심었다.

주변 환경, 온도, 날씨 등은 고려하지 않고 사온 터였다. 그 수국은 매년 잎만 무성하고 꽃은 피지 않은 채 얼어버린다. 다음해 죽은 줄 알았던 줄기에서 새순이 나와 다시 잎만 무성하다.

나는 수국이 참 좋다. 작고 앙증맞은 꽃들의 집합체로 복슬복슬한 꽃 모양새! 토양의 상태에 따라 그 색을 바꾸는, 어떤 상황에서도 굴하지 않는 꿋꿋한 적응력!

홍천은 수국꽃이 피지 않는다. 그럼에도 나는 올해도 수국 줄기를 잘라주고 짚으로 나무를 감싸서 내년에는 나의 정원에도 분홍, 파랑 수국꽃이 피기를 기대하면서 살고 있다.

5

길을 잃어도 즐거운
홍천 벽화마을

─ 심정요

　걷기 시작했을 때부터 둘째가라면 서러운 길치력을 자랑하던 나. 여섯 살 때였나, 시골 외할머니 댁에 놀러간 날 해가 쨍쨍할 때 이것저것 구경하다 돌아오는데 이 길이 저 길 같고 저 길이 이 길 같아 해 저문 뒤에야 집에 돌아왔던 일이 어렴풋이 기억난다. 동네 백화점에서도 대전 엑스포에서도 새로 이사 간 집에서도 길을 헤매 진땀을 흘린 숱한 기억을 돌이켜보면 용케 미아가 되지 않고 자란 것이 스스로도 신기하다. 그런데 마흔도 넘은 마당에 기꺼이 길을 잃고 싶은 곳이 홍천에 있었으니! 홍천에 5년 넘게 살았는데 전혀 몰랐다.

　이곳은 홍천 워킹 투어가 아니었으면 절대 몰랐을 장소였다. 가이드께서 소개해주지 않았더라면 아마 지금까지도 몰랐을 터.

근처를 수천 번 지나다녔는데 존재 자체를 몰랐다. 내가 둔해서 그런가 싶어 홍천 사는 몇몇 지인들께 이곳에 대해 아느냐고 물었더니 아는 사람이 거의 없었다. 홍천투어나 도시 재생 업무쪽 일을 해본 사람들을 제외하곤 말이다. 바로 신장대리와 진리에 있는 벽화마을이다.

벽화마을로 말하자면 〈해리포터〉에 나오는 런던 킹스크로스역 9와 3/4 정류장 같은 곳이다. 해리포터와 친구들을 마법 학교인 호그와트로 데려다주는 연결 통로다. 〈나니아 연대기〉에서 신비한 세계로 아이들을 안내하는 벽장 같은 곳이다. 언뜻 보기엔 흔한 벽이어서 무심하게 지나치는 사람들에게는 전혀 눈에 띄지 않는다. 하지만 마법을 쓸 줄 아는 사람들 눈에는 아주 잘 보인다. 마치 마술처럼 홍천의 과거로 시간 여행을 할 수 있는 9와 3/4 정류장이 이렇게나 가까이 있었다는 사실에 무척 신이 났다.

홍천읍사무소 오른쪽에는 어디서나 흔히 볼 수 있는 상가들, 그리고 오래된 '동남 모텔' 간판이 있다. 그 간판에서 조금만 시선을 아래로 떨어뜨리면 좁은 골목길이 나온다. 그전에는 모텔 간판만 보고 '에이, 볼 거 없겠지'라는 편견 때문에 시선을 돌릴 생각 자체를 못 했다. 자세히 보니 그 골목길은 벽화라는 멋진 옷을

입고서 자기를 봐줄 사람들을 오매불망 기다리고 있었다. 이제야 알아봐서 미안하구나! 홍천벽화마을을 처음 알게 된 날은 핸드폰이 뜨거워져 사진이 안 찍힐 정도로 더웠지만 정신없이 둘러보느라 시간 가는 줄 몰랐다.

벽화마을 입구에 들어서니 발랄한 스케이트화 그림으로 인해 1960~1970년대 속으로 미끄러져 들어온 느낌이다. 그때는 롤러스케이트를 타고 서빙하는 종업원도 있었다고 한다. 그런 가게라면 당시는 물론 지금 열어도 어색하지 않을 힙한 곳이 틀림없다. 눈부시도록 하얀 담장에 펼쳐진 벽화는 재미난 이야기책처럼 행인을 빨아들인다. 2022년의 바쁜 일상이 어느새 한여름 뙤약볕 아래 아이스크림처럼 녹아 없어졌다. 벽화에는 정감 넘치는 아이스께끼 통, 처음 들어선 홍천 터미널의 모습, 지금도 운행 중인 버스 회사 금강운수에서 발행한 승차권, 홍천의 우시장과 장날의 풍경, 당시 어마어마했던 소의 위상, 홍천이 읍으로 승격하는 역사적 순간 등등… 지금의 홍천을 있게 해준 다양한 풍경이 가득했다.

그 시절이 저절로 떠오르는 그림체와 친절한 설명 덕에 홍천 토박이에게는 추억과 향수를, 외지인에게는 호기심과 정감을 불러일으킨다. 나처럼 홍천의 역사에 대해 전혀 모르는 외지인이나

젊은 친구들도 벽화를 감상하는 동안 홍천이 오래된 친구처럼 느껴진다. 평소 말수가 적어서 몰랐지만 알고 보면 의외로 재미있고 정 많은 그런 친구 말이다. 홍천이라는 친구에 대해 더 알고 싶어지니 벽화가 들려주는 이야기에 홀린 듯 골목길을 헤집는다. 그러다 문득 마음 속 한 켠에 고이 묻어둔 추억과 만나게 된다.

벽화 속 두부와 방울을 보니 한 번도 보지 못했던 두부 장수의 방울 소리가 어디선가 들려오는 듯하다. 아홉 살 때 외할머니가 가마솥에서 직접 만들어주신 두부가 눈앞에 어른거린다. 갓 만든 연두부를 간장에 콕 찍어 먹는 그 맛! 혀끝에서 부드럽게 사라지는 담백하면서도 고소한 여운. 그런 연두부는 그때 이후로 단 한 번도 먹어보지 못했다. 두부 장수의 수레 안에는 그렇게 맛있는 연두부가 한가득 들어 있을 것만 같다. 초등학교 때 닳고 닳도록 읽었고 지금도 즐겨 읽는 그 시절 동화 전집을 읽으며 머릿속 가득 상상의 나래를 펼쳤던 행복한 추억이 되살아난다.

내겐 상상 속 따스한 풍경으로 자리잡은 두부 장수를 어린 시절 흔하게 마주쳤던 남편은 나와 달리 별다른 감흥이 없는 모양이었다. 그러나 돌아가신 시아버지의 일터였던 우시장 그림 앞에서만큼은 오래도록 서 있었다.

신장대리 벽화 시장을 스윽 통과하면 김이 모락모락 피어오르는 만두 가게와 올챙이국수, 홍총떡 등 강원도 토속 음식을 맛볼 수 있는 홍천 전통 시장이 나온다. 만두 가게에서 갓 나온 달큰한 찐빵을 베어 물며 동네 한 바퀴 산책하는 소소한 재미도 놓칠 수 없다.

이렇게 마법 같은 입구는 또 있다. 홍천 시장 앞 횡단보도를 건너 꽃뫼공원을 지나 오래된 맛집 태양반점에서 오른쪽으로 쭉 가다 보면 청포도분식집이 나온다. 너무나 평범해서 쓱 지나치기 쉽지만 왼쪽으로 난 분식집 사잇길로 들어서면 또 하나의 작은 세계가 펼쳐진다. 이곳은 과거 홍천의 중심지였던 진리 마을의 '이애기 둘레길' 입구다. '이애기'란 이야기를 뜻하는 강원도 사투리로 이애기 둘레길은 풍성한 이야기가 깃든 산책로라고 할 수 있다. 노랗고 환한 대문과 푸른 벽화가 어우러져 하나의 작품 속으로 걸어들어간 것만 같다. 신장대리 벽화가 홍천의 역사를 소개한다면 이애기 둘레길 벽화에서는 홍천의 먹거리 이야기와 다양한 생활상을 만날 수 있다.

예전에 달콤하고 고소한 호두과자와 아이스케키로 남녀노소의 사랑을 독차지한 진리 마을의 대표 빵집 '태극당', 50년 전 처음 물만두를 소개하고 지금까지 대대로 맛의 비결을 지켜온 중국 요리점 '중화각', 간편한 기계식을 거부하고 전통 방식으로 면을 눌러 만드는 막국수집 '홍천 막국수'는 빼놓을 수 없는 홍천 맛집이다. 태극당은 아쉽게도 추억 속으로 사라졌지만 중화각과 홍천 막국수는 아직도 성업 중이다. 또한 춘천의 대표 음식으로 알려진 닭갈비와 막국수의 원조가 사실은 홍천이라는 점도 흥미롭다. 신장대리 노점에서 드럼통에 장작불을 피운 뒤 생닭에 고추장을 발라서 구운 것이 닭갈비의 시초다. 홍천막국수의 메밀 면은 주문 받자마자 전통 방식으로 만들어주어서 그런지 면발이 비단결만큼이나 부드럽고 탱글탱글하다. 과연 원조 막국수다운 위엄이 느껴진다.

이렇게 먹는 즐거움은 물론 운치마저 놓치지 않았던 홍천 사람들은 범파정을 담은 시에 잘 나타나 있다. 범파정은 지금의 카페 나바지오 근처 정자로 선비들은 이곳에 모여 시를 한 수씩 읊었다고 한다. 겨울이면 꽁꽁 얼어붙은 홍천강에서 사람들은 얼음낚시와 썰매를 즐겼다. 이 전통은 매년 열리는 인기 축제 홍천강 꽁꽁 축제에 고스란히 보존되어 있다. 덕분에 몇 년 전 꽁꽁 축제에서 서울서 내려온 동생과 신나게 나무썰매를 타보기도 했다. 롯데월드의 비싼 아이스링크를 가지 않고서도 이렇듯 천연 빙판을 즐길

수 있다는 점 또한 홍천살이의 묘미다.

과거 진리 마을은 지금의 한산한 모습과는 달리 북적북적하고 활기 넘치는 동네였다. 특히 중앙극장은 데이트하는 남녀라면 꼭 들러야 하는 인기 만점 핫플레이스였다. 〈태권 브이〉, 〈맨발의 청춘〉, 〈사랑방 손님과 어머니〉 등 당시 폭발적 인기를 끌었던 만화, 영화의 정겨운 포스터가 아련한 그리움을 불러일으킨다. 또 하나 신문에서 오려낸 듯한 당시 프로그램 편성표라든지 〈웃으면 복이 와요〉, 〈여로〉 등 전 국민을 울리고 웃겼던 인기 프로그램도 손 뻗으면 금방 잡힐 듯한 추억이 되어 내 앞에 살아 움직인다. 내가 태어나기 이전 시대지만 가진 것 없어도 마음은 풍요로웠으리라 싶은 홍천의 일상이 영화처럼 생생하게 눈앞에 펼쳐진다. 스마트폰은 없지만 비싼 돈 내지 않고도 즐길 거리가 가득했고 코로나 걱정 없이 마음껏 살 부대끼며 친해질 수 있고 훈훈한 인정과 사람 냄새 가득했던 그 시절의 온기가 마음의 온도를 한껏 높여준다.

홍천 벽화마을은 인스타그램이나 페이스북이 아니라 내 마음속에 소중히 저장하고픈 곳이다. 이렇게나 풍성하고 재미난 홍천의 이야깃거리와 추억은 사진으로 다 담아낼 수 없으니 말이다. 누군가 홍천이 어떤 곳이었는지 물어본다면 대답 대신 벽화마을로 안내하고 싶다. 벽화를 구경하다 어느 골목으로 빠지면 인형의 집처럼 하얗고 예쁜 홍천 미술관과 마주치게 되고 또 다른 골목으로 빠지면 홍천 막국수가 나온다. 문 닫은 지 오래되어 지금은 찾는 이가 없지만 레트로 감성 가득한 삼광상회도 우리를 반겨준다. 골목을 따라가다 보면 이렇듯 의외의 장소가 톡톡 튀어나오는 곳. 진리의 벽화마을이라면 길을 잃어도 한없이 즐겁기만 하다. 그야말로 '진리 속에서 길을 잃는 즐거움'이다.

6

홍천 청년 창업기

— 최범용

나는 하고 싶은 말은 꼭 해야 하는 눈치 없는 사람이다. 고등학교 때까지는 또래들에 비해 작고 겁도 많은 소심한 아이였지만 대학에 들어가서 선배들의 당당한 모습이 너무 멋져 보였고 나도 그렇게 살리라 마음먹었다. 상황이나 환경에 순응하기보단 내 사람들을 챙겼고, 그러다 보니 친구나 후배들에게는 세상 좋은 사람이지만 남한테는 눈치 없다는 말을 듣곤 했다.

대학 동아리 활동 시에 아이디어를 자주 내서 여러 행사를 주최했고 행사 관리하시는 분들과 소통이 잘 돼서 주변 사람들에게 수완 좋다는 소리를 듣기도 했다. 경찰행정학과였던 나는 졸업 후 공무원 준비를 했고 친구들은 나에게 공무원보다는 사업이 잘 어울릴 거라고 늘 말해줬다. 그럴 때마다 나는 "사업은 아무나 하는 게 아니다."라고 말했다. 내가 생각하는 기업가는 엘리트여야 하고 새로운 것을 계속 떠올릴 수 있는 천재형이거나 시작부터 자본을 가진 자본가형이었기에 가진 것도 없고 똑똑하지도 않은 나에게 사업은 먼일로만 느껴졌다. 중소기업 공장에서 아르바이트를 자주 하다 보니 사업의 어려움을 더 느꼈고 창업은 정말 쉬운 게 아니라는 생각이 자리 잡았다.

망부석처럼 2년 내내 공무원 시험을 준비했다. 그런데 첫 번째 시험 때는 전날 응급실에 가는 바람에 못 봤고, 두 번째 시험은 아쉽게 떨어졌다. 그래도 2년을 버텼는데 준비하던 특채가 사라지면서 펜을 놓을 수밖에 없었다. 다시 새로운 도전을 해야 했다. 취업을 위해 300개가 넘는 입사 지원서를 쓰고, 교육을 듣고, 자격증 준비를 하면서 누구보다 열심히 시간을 쪼개 바삐 살았지만 이번에도 노력한 만큼 성과가 나오진 않았다. 시간은 고민할 겨를도 주지 않고 나만 과거에 남겨둔 채 빠르게 흘러갔다. 주변에서 취업하고 결혼하며 다음 단계로의 스텝을 당연한 듯 가볍게 밟아 나갈 때 나만 한 단계를 넘지 못해 제자리걸음 중이었다.

  계속 되는 탈락 소식에 살아온 나날 전부가 부정당하는 것 같다는 생각이 들 때쯤 한 회사에서 걸려온 전화는 나를 살려준 동아줄이었다. 벌벌 떨면서 본 면접에 다행히 합격했고 입사한 회사에서 열심히 해보자 다짐했다. 이제는 내 인생에도 실낱같은 희망이 생겼다.

그런데 하늘도 무심하시지, 회사 입사하고 한 달 만에 다리가 부러졌다. 회사 엠티에 참석한 사람 중 막내였던 나는 실장님이 찬 공을 주우러 갔다가 언덕에서 굴렀다. 한시바삐 활동적으로 움직여야 하는 품질 관리 업무였기에 회사 생활이 불가했다. 한 달 가까이 병원에 입원했고 회사에서는 무언의 눈치를 줬다. 나는 다시 시작하자는 마음으로 회사를 그만두고 1년 가까이 재활에만 매진했다.

살면서 뼈가 부러지거나 크게 다쳐본 게 처음이라 당황했지만 다시 하면 된다는 생각으로 버틸 수 있었다. 재활 중에도 취업 준비는 계속했다. 1년이 다 되어갈 즈음 예전만큼은 아니지만 다리가 괜찮아졌다. 1년 내내 원서를 쓰다 보니 이제는 몇 장을 썼는지도 셀 수 없었고, 취업 관련 교육은 안 들어본 교육이 없을 정도였다.

그즈음 한 회사에 면접 기회가 생겼다. "나이가 좀 있는데 경력이 별로 없네. 우린 경력 있는 사람 우대인데." 그게 회사 면접자가 처음 한 말이었다. 그때가 서른 살이었고 나 스스로도 취업이 쉽진 않겠구나 생각하던 터였다. 면접이 다 끝나갈 때쯤 사장님이 흘리듯 한 말이 "술 좀 하나?"였고 무조건 잘 보여야 한다는 생각에 잘한다고 대답했다. 그게 이 회사 생활에서 꽤 중요한 부분이 될 줄은 그때는 미처 몰랐다.

서른 살 나이에 힘겹게 취업에 성공한 나는 회사에서 극도로 눈치를 보기 시작했다. 이번에는 실패하지 않고 꼭 이 회사에서 살아남아 부모님께 부끄럽지 않은 자식이 되고 싶었다. 부모님은 별말씀 안 하셨지만 그냥 스스로가 부끄러웠다. 고등학교 때까지 모범적인 아들이 되려고 노력했는데 커서는 민폐만 끼치는 아들이 되어버린 느낌이었다. 그래서 이번엔 나를 버리더라도 꼭 버틸 생각이었고 그러다 보니 눈치를 심하게 보게 된 것이었다.

혹시 말실수라도 할까 봐 말수를 줄였고 의견도 제대로 내지 못했다. 반벙어리가 되어 보니 원래 눈치가 없던 사람이 눈치를 본다는 게 얼마나 힘든지 깨달았다. 사장님 술 시중이 신입 사원의 업무 중 하나였는데 한 달을 넘게 술을 과하게 마시다 보니 통풍이 생겼다. 술자리에서 버티면 버틸수록 통풍 증상이 더 심해지니 사장님을 피하게 됐고 '대신 업무를 열심히 하면 되겠지'라고 안이하게 생각했다.

빠르게 움직여야 하는 회사 생활에서 매번 고민했고, 그러다 보니 일도 느려져, 일까지 서툴러 잘하지 못하는 직원이었다. 시간이 지날수록 회사에 적응은 했지만 하고 싶은 말도 못 하고 사장님과의 술자리는 곤욕이었다. 그때 다른 직원이 잘못 처리한 문제가 터졌고 사장님은 맨 처음 나를 오해해 불러놓고 한 시간 동안 세상에 있는 비난이란 비난은 다 쏟아냈다. "중학교도 못 배운 XX"로 시작하는 아픈 말들이었다.

반문해야 했지만 그동안 반벙어리로 살다 보니 묵묵히 듣기만 했다. 사장님이 비난을 하다하다 "변명이라도 해봐"라길래, "저는 아닙니다."라고 대답했다가 더 화가 났는지 30분을 더 화를 냈다. 나로 인해서 그날 회사 분위기는 완전 시베리아였고 직원들에게 너무 미안했다. 그때 출장 중이던 과장님이 돌아왔고 사장님께 상황을 설명해 모든 문제가 풀어졌다. 사실 나와 관련 없는 일이었는데 어쨌든 스스로 변호하지 못한 내 잘못이었다.

그날 새벽까지 일했고 비가 많이 내렸다. 욕을 하도 먹어선지 새벽이 되어도 몸이 열기로 가득해 오는 비를 다 맞으며 숙소까지 한 시간을 걸어갔다. 빗속을 걸으며 드는 생각이 월급을 받는 것이 일해서 받는 것인지, 짓밟힌 자존심에 대한 위자료를 받는 것인지 모를 정도로 몸과 마음이 다 무너져 내리는 것 같았다. 그럴

수록 더 악착같이 버텨야 했는데, 그러지 못했다.

지방은 서울에 비해 임금도 낮고 젊은 세대가 할 만한 일도 적어 선택한 도시 생활이었다. 금의환향은 아니어도 남들만큼은 살자는 각오를 다지며 힘든 도시 생활을 버텼는데 이번에도 실패한 듯 패배감을 느끼며 무력하게 돌아왔다.

'최선을 다하지 않아서 그런 걸까?' 스스로를 갉아먹는 자괴감만 머릿속에 가득했다. 도시 생활 내내 '혹시 이번에도 실패하고 사회에서 뒤처지진 않을까?'라는 걱정에 매번 주어진 일에 최선을 다했고 야근에 주말까지 내 시간을 갈아 넣으며 일에만 몰두했다. 하지만 이번에도 적응하지 못했고 실패감만 남은 터였다.

생각해 보면 매번 실패했던 것은 나의 문제였던 것 같다. 좋지 못한 회사에 들어간 것도 내 능력 부족이고, 회사에서 원하는 만큼만 잘하면 되고 가끔은 아부도 필요했는데 일만 죽어라 하는 게 다는 아니었던 걸 몰랐다.

실패의 원인을 곱씹으며 터벅터벅 무거운 발걸음과 더 무거운 마음으로 홍천 집으로 향했다. 이제 다리를 건너면 15분 정도면 도착하는 고향집이었지만 무거운 발걸음으로 인해 더디고 더뎠다. 한 걸음 한 걸음 무겁고도 느린 발걸음을 내딛다가 다리 중간쯤에서 무심히 강을 바라보았다. 강변에 설치된 조명이 강물에 반사되어 반짝반짝 빛을 냈고 그건 마치 하늘의 은하수가 강물에 내려온 듯 보였다.

집으로 향하던 발걸음을 강변으로 옮겼다. 강변의 반짝이는 조명을 따라 은하수를 걷듯 강변을 거닐었다. 홍천은 9시만 지나도 시내가 조용해지는 동네기에 강변은 흐르는 물소리와 나의 발걸음 소리만으로 고요했다. 도시에서는 가장 활력이 넘치고 밤의 화려함이 시작될 시간에 홍천은 고요했고, 나만의 야밤 산책이 마음을 평온하게 어루만져주었다. 홍천강이 다시 돌아온 나에게 덤덤한 위로를 건네며 나를 감싸주는 듯한 느낌이었다. 다리의 불빛은 아무도 반기지 않는 나의 방문을 환영하는 폭죽을 터트리는 느낌이었다.

강변에 대충 걸터앉아 무심히 강의 돌다리를 바라보았다. 울적한 기분에 눈물이라도 나서 펑펑 운다면 기분이 금방이라도 좋아지겠지만 어렸을 적부터 남자는, 장남은, 형은 그래선 안 된다고 교육받아서인지 눈물도 나지 않았고 그래서 울적함은 더 길어지고 있었다.

멍하니 돌다리 위로 힘차게 흐르는 물살을 보며 나의 이 우울하고 먹먹한 심정도 같이 다 떠내려갔으면 하고 바랐다. 그때 늦

은 밤 운동을 하던 아이들이 돌다리를 건너기 시작했다. 다리에서 위태롭게 장난을 치더니 결국 한 아이가 물에 빠졌고, 아이들은 크게 웃으며 빠진 아이를 건져줬고, 빠진 아이도 재밌단 듯이 웃으며 집으로 돌아갔다.

그 모습을 보며 피식 웃었다. 나도 돌다리에 흥미가 생겨 돌다리를 건너기로 했다. 보기보다 돌다리가 미끄러워서 몇 번을 휘청거렸다. 넘어질 듯 말 듯 허수아비가 바람에 휘날리듯 위태롭게 다리를 건넜다. 다 건너고 보니 내 도시 생활도 조금 전 돌다리를 건너던 위태롭고 우스꽝스러운 모습이 아니었을까 싶어 묵직하고 긴 한숨을 내쉬었다.

이제는 진짜 집으로 돌아가야겠다는 생각에 발걸음을 집으로 돌렸는데 눈에 현수막이 들어왔다.

홍천군 청년창업지원센터 교육생 모집

현수막을 보자 옛날 생각이 떠올랐다. 수완이 좋으니 사업을 하라던 주변의 조언, 취업을 준비하면서 잠시 창업에 관심이 생겨 창업 강의를 들었던 일들이 생각났다. 하지만 서른 살 넘도록 모은 자본도 없고, 아이디어도 없고, 창업에 도전할 용기도 없었다. 지치고 절망적인 마음뿐이라 이번에도 힘들 거라는 부정적인 생각이 먼저 들어 그냥 지나쳤다.

홍천 집에 도착했다. 이번에도 부모님은 괜찮다고 해주셨다. 가벼운 위로와 인사를 뒤로 하고 나는 침대에 지친 몸을 뉘었다. 우리 집, 나의 작은 방 하나가 그나마 내가 맘 편히 숨 쉴 수 있는 공간이었다. 침대에 누워 내 이불 냄새를 맡자 진짜 돌아왔다는 안도감에 편안한 숨이 내쉬어졌다. 강변을 걸은 덕분에 그래도 나락까지 갔던 마음이 조금은 위로가 된 느낌이었다.

그때 아까 스치듯이 본 현수막이 다시 생각났다. '과연 내가 창업을 할 수 있을까? 그냥 교육이니까 한번 들어볼까?' 그런저런 생각들로 잠을 설쳤다. 새벽에 자리를 털고 일어나 컴퓨터를 켰다. 홍천군 청년창업지원센터 위치와 교육 시간을 찾아봤다. 막상 찾아보니 가벼운 마음으로 갈 수도 있겠다는 말도 안 되는 용기가 생겼다. 다시 편안한 마음으로 잠을 청했다.

다음 날 오랜만에 홍천에 있는 오랜 친구를 만났다. 우리는 평소처럼 남산을 같이 걷기로 했다. 친구를 만나니 괜스레 마음이 평안해졌다. 친구도 나처럼 아직 자리를 잡지 못해 방황하는 동병상련의 마음이었다.

우리는 오래된 시간만큼 서로의 마음을 너무 잘 알고 있었기에 서로에게 상처되는 말을 피하고 서로를 격려하며 남산을 오르기 시작했다. 남산에는 입구부터 약수터가 있어 친구와 나는 작은 샘물처럼 청아해 보이는 약수를 떠서 마셨다. 산의 등줄기를 따라 흐르는 약수는 본격적인 등산 전 우리의 몸과 마음을 식혀줬다. 남산은 동네 뒷산 느낌으로 가벼운 산행을 할 수 있는 곳이었다. 가끔 친구와 이야기를 나누며 걸어 올라가는 어렵지 않은 산인데, 오랜만에 걷다 보니 살짝 숨이 찼다. 쉴 겸 산 중턱에 있는 쉼터에 친구와 걸터앉았다.

쉼터에 앉자마자 올라올 때는 그냥 스쳐갔던 산 아래 아름다운 전경이 눈에 들어오면서 산들 바람이 내 몸을 지나쳐 갔다. 산의 푸르른 정취와 함께 풀과 나무 향기가 마음에 안정을 주었고 산들 바람에 땀에 젖은 머리가 시원하게 날렸다. 대단하지도 특별하지도 않은 평범한 남산 중간 쉼터에 있는 것만으로도 나는 심적 치유를 받고 있었다.

문득 어젯밤 생각이 나 친구에게 말했다.

"어제 보니 홍천군 청년창업지원센터에서 창업 교육하던데 한 번 가볼까?"

"예전에 너 창업 이야기도 하고 아이디어도 내고 했었잖아. 한

번 해 봐. 너 잘할 것 같아."

친구와 걷다가 재미로 농담으로 '무슨무슨 제품이나 서비스가 나오면 좋겠다'는 이야기를 많이 했던 터라 친구는 나의 창업을 응원해 주었다.

"사실 겁난다. 또 도전했다가 또 실패할까 봐. 아직까지는 실패는 했어도 빚은 없는데, 창업은 실패하면 빚이 생기니까."

나의 현실적인 말에 친구도 공감했다.

"근데 지금 또 이렇게 지나가면 다음에 후회할지도 몰라. 교육 듣는다고 돈 드는 것도 아니고 일단 가볍게 교육만 들어 봐."

친구의 말에 용기가 생겼고 가벼워진 발걸음으로 우린 정상으로 향했다. 한 시간을 천천히 걸어 남산 정상에 도착했고 홍천 시내를 바라보았다. 바람은 시원했고 오랜만에 바라본 홍천은 손바닥만 하게 보였다. 어렸을 적부터 올라다닌 산인데 그때마다 크고 웅장하게 느꼈던 홍천읍내가 도시 생활 후에는 아기자기하게 보였던 것이었다. 그만큼 나의 생각도 성장했다는 생각이 들었다. 더 많은 것을 보고 느끼며 더 성장해야겠다는 생각이 들었다.

그날 바로 홍천군 청년창업지원센터에 갔다. 생각보다 크지 않았고 네 사람이 근무하고 있었다. 처음에는 무슨 말을 해야 할지 몰라 긴장을 많이 했다. 창업지원센터장님께서 나를 맞아 주었고 이번에 있을 창업 교육에 대해 설명해 주었다.

며칠 후 창업 교육이 시작되었다. 센터장님이 교육을 맡아 창업에 대해 기초부터 쉽게 알려주었다. 가장 강조한 내용은 창업을 너무 어렵게 생각하지 말아라, 누구나 창업에 도전할 수 있다, 실패해도 재도전할 수 있다는 말이었다.

하지만 그때까지도 나의 마음은 불신으로 가득 차 있었다. 센터장님에 대한 불신이 아니라 나란 사람의 계속되는 실패에 대한 불신이었다. 그래서 센터장님의 말에 반기를 들듯 손을 들어 질문을 던졌다.

"센터장님 그렇게 말씀하시지만, 저는 실패도 많았고 지금도 실패하고 있습니다. 돈도 없고 아이디어도 좋지 않은 제가 정말 할 수 있겠습니까?"

나의 갑작스러운 질문에 센터장님은 웃으며 대답했다.

"나도 실패했어요. 누구나 실패할 수 있습니다. 창업에 가장 중요한 건 돈이나 아이디어가 아닙니다. 계속 도전할 수 있는 정신이 가장 중요합니다. 돈이 없으면 창업 패키지 같은 국가지원사업을 받아 하면 되고 그것도 실패하면 재창업 패키지 하면 됩니다. 기회는 여러분이 포기하지 않으면 계속 있습니다. 도전하세요. 수업 끝나고 이야기 나눕시다."

그렇게 센터장님과 연이 되어 지금도 나의 멘토가 되어 주고 있다.

아랫사람에게 쉽게 말을 놓지 않고, 자신의 기분대로 하지 않으며, 아랫사람 말을 경청할 줄 아는 어른, 나는 진짜 어른을 그제서야 사회에서 만났다.

"그래서 무슨 아이디어를 가지고 왔어요?"

교육이 끝나고 센터장님의 물음에 나는 순간 얼음이 되었다. 아이디어를 생각하고 대충 노트에 그리기만 했었지 사람에게 말해본 적이 없었기 때문이다. 어떻게 말해야 할지 안절부절못할 때 센터장님이 말했다.

"창업의 시작이 그거예요. 내 아이디어를 한마디로 정리하는 거."

센터장님의 말에 나는 주저리주저리 나의 아이템에 대해 자신 없이 말했다. 센터장님은 웬 청년이 와서 말도 안 되는 이야기를 하는데 재미있다는 듯 경청해 주었다. 그러고도 한 시간 더 소장님은 중요하지도 않은 내 과거 이야기까지 다 경청해 주었다.

"그럼 일단 만들어봅시다."

그렇게 나의 창업이 시작되었다. 센터장님과의 면담 후에도 여전히 나에 대한 불신과 내 아이디어에 대한 확신이 없어 창업을 할 수 있을지 고민하고 또 고민했다. 창업을 해본 적도 없고, 교육 몇 번 들어본 게 다고, 자본도 없으니 실패하리라는 패배감으로 불신만 가득했다.

며칠 후 소장님한테 연락이 왔다. 강원도 경제진흥원에서 진행하는 강원지식재산센터 'IP 디딤돌 프로그램'을 추천해 주었다. 무슨 창업 교육을 추천해 준 건지 의아해서 물었고, 센터장님은 "일단 도움 될 테니 들어봐요."라고 했다.

알고 보니 그 교육은 다 듣고 나면 한 건의 특허 출원과 한 개의 제품 3D프린터 제작을 지원해 주는 프로그램이었다. 특허를 내려면 보통 변리사를 고용해야 하고 200만 원 이상 드는데, 교육을 듣는 것만으로 자기부담금 15만 원 정도만 내면 특허를 낼 수 있다니. 또한 3D프린터로 제품을 실체화시킬 수 있다는 사실에도 흥분되었다. 만약 상품으로 팔 수 없는 제품이 만들어지더라도 내 생각을 현실로 만들어내는 자체가 너무나 소중하게 느껴졌다. 영화에나 나오거나 진짜 부자들만 가능하다고 생각했는데, 나도 이룰 수 있다니 교육이 재미있게 느껴졌다.

하지만 수업에 앞서 강사님은 창업의 현실부터 지적했다.

"여러분 창업해서 성공하기는 어렵습니다. 1,000개의 기업이 창업을 하지만 3년 후 남은 기업은 10기업이 채 되지 않습니다. 하지만 발명은 계속 되어야 하고 창업에 대한 도전도 계속 되어야 합니다. 이 수업이 끝나기 전까지 제가 그 이유를 설명드리겠습니다."

현실적인 문제부터 창업 준비 단계에 관한 강의가 이어졌다. 강의는 일주일에 이틀, 9시부터 5시까지, 총 한 달 과정이었다.

교육 후 나는 소개받은 디자인 업체 사장님을 만났다. 사장님은 내 아이디어를 듣더니 재미있어 했다. 2주가 지나자 내 아이디어가 처음 제품이 되었다. 다시 찾아간 디자인 업체에서 처음으로 내 아이디어 제품의 3D프린터 버전을 볼 수 있었다. 제품을 들고 집으로 돌아오면서 너무 신이 나서 심장이 뛰었다. 생각한 것보다 훨씬 괜찮다고 느껴졌고 꼭 제대로 된 제품을 만들어보자는 생각이 들었다.

그때부터 창업에 대한 나의 염원이 불타기 시작했다. 나는 첫 목표를 세웠다. 바로 국가지원자금을 받을 수 있는 예비창업 패키지에 지원하는 것이었다. 예비창업 패키지는 국가에서 70%를 지원해 주고 30%는 자부담으로 하는 사업인데, 그중에서도 15%는 자신이나 직원의 월급으로 처리되기에 현실적으로는 15%만 자부담하면 되는 좋은 사업이었다. 국가사업 중에 자부담이 없는 사업은 없기에, 사실 15%도 나에겐 부담이었지만, 꼭 받아야겠다는 생각으로 준비에 열심히 매달렸다.

센터장님과 디딤돌수업 강사님들께 도움을 받아 여러 번 사업계획서를 변경했고, 1차 합격 통보를 받았을 때는 거짓말 같다는 생각에 정신이 멍해지기도 했다. 2차 면접을 위해 대학 이후 처음으로 PPT 발표 자료를 밤새워 만들었고 일주일 넘게 발표 자료를 연습했다.

면접날 너무 긴장해서 손이 다 벌벌 떨렸다. 실전에 들어가기 전까지는 떨었지만 발표에 들어가 당당하게 발표했고 떨어져도 후회가 없을 만큼 최선을 다했기에 후련했다. 며칠 후 땀을 뻘뻘 흘리며 아르바이트를 하다가 합격 연락을 받았고 너무 좋아서 소리를 질렀다.

그런데 자부담금을 내야 계약이 되는데 나는 돈이 없었다. 몇백이나 되는 돈이라 대출도 알아봤지만 대출이 거의 안 되고 이자가 너무 비쌌다. 더 이상 방법이 없자 좌절감이 느껴졌다. 계약 마감 3일을 남겨두고 친구에게 전화를 걸었다. 살면서 친구에게 돈을 빌려본 적이 없던 터라 뭐라고 해야 할지 몰랐다. 먼저 안부를 묻고 한숨을 내쉬며 친구에게 말했다.

"이런 기회는 내가 살면서 다시 안 올 것 같아. 부탁한다. 미안

하다."

친구는 나의 이야기를 덤덤히 듣더니 말했다.

"내일 바로 보내줄게, 괜찮아. 잘해 봐. 잘 될 거다."

친구에게 고맙고 미안해서 마음이 찡했다. 그 자리에서 한동안 내 마음을 다잡고 꼭 창업을 성공시켜야겠다는 다짐을 하게 되었다. 그렇게 계약했고 창업을 했다.

그때부터 나는 조금 다른 사람이 되었다. 주변의 조언을 듣기 시작했고 눈치를 보는 것이 아닌 상황을 이해하고 스스로 생각하게 되었다. 무엇보다 실패에 대한 두려움을 버리고, 실패했으니 다시 용기내 보자고 생각하게 되어 실패가 그전보다 두렵지 않게 되었다.

아직도 나는 눈치도 없고 계속 실패할 사람일지 모른다. 상황이 조금 바뀌었다고 내 인생이 크게 달라지진 않을 것이다. 하지만 나는 지금이 좋고 계속 도전해볼 생각이다. 실패하면 어떻고 눈치 없다는 말을 들으면 어떤가?

7

나무를 닮아 크는
아이들

— 안혜정

　뉴스를 통해 '코로나19'라는 이름도 생소한 바이러스가 충격과 공포로 세상에 전해지면서 마스크 없이는 현관문 밖을 나서지 못하게 된 2020년 겨울은 내 딸이 일곱 살 되던 해였다.

　유치원과 학교의 수업이 온라인 원격수업으로 대체되고 일상이 몇 주씩 멈추어갔다. 내가 살던 신도시 학군의 초등학교는 1학년 13개 반 서른 명이 넘는 과밀학급이라 격주 등교나 원격수업으로 온전한 학교 생활을 누리지 못했고, 나는 그걸 지켜봤다.

　입학식이라고 또 새 학기라고 새로 산 신발과 봄옷들, 새 가방을 제대로 들어보지도 못한 채 바뀐 계절을 맞이했단 푸념들이 이어졌다. 거기에 같은 반 친구 얼굴도 제대로 모른다는 소리들이 더는 남들 얘기가 아니었다. 코로나로 인한 사회적 거리두기로 혼란스럽고 움츠러들었던 겨울과 봄을 지나니 서서히 내 아이의 학교를 고민하지 않을 수 없었다.

몸을 부대끼며 친구들과 하는 놀이들, 왁자지껄 웃음이 터지는 쉬는 시간, 맛있는 밥이 기다리고 있는 점심시간, 친구들과 물건을 나누고 빌려 쓰는 일 등 코로나가 제한하는 교실 풍경 속 아이들의 자유가 안타까워 지금을 사는 우리 아이들이 다닐 학교는 어떤 학교여야 할지 고민이 더해졌다.

그해 나는 미술학원을 운영하며 2년차 학교 예술 강사로 일하는 워킹 맘이었다. 애들은 어린이집에 다녔는데 저녁 6시 30분까지는 안전한 보육공간에서 맡아주니 일에 집중할 수 있었고 수업이 끝나면 아파트 단지 어린이집으로 얼른 달려가 아이 손을 잡고 한바탕 놀이터 투어를 하고 집으로 돌아오곤 했다. 저녁을 먹이고 놀이에 씻기를 마치면 그럭저럭 같은 듯 다른 하루하루를 보내고 있다는 느낌에 괜찮았다.

첫째가 영어유치원을 가니 상황이 달라졌다. 유치원은 등하원 차량을 타야 했고 앞당겨진 하원 차량 시간은 학원 수업 시간과 맞물려 누군가의 도움 없이는 아이를 하원시킬 수 없었다. 결국 도우미 이모님의 손을 빌려야 했고 엄마가 수업을 마무리 하는 그 시간까지 아이는 자기 학원 일정이 아니면 내 학원에서 꼼짝없이 엄마의 퇴근시간만을 기다려야 했다.

안전만 생각한다면 엄마 옆이니 괜찮았지만 아이에게는 나올 수 없는 닫힌 방이었을 터⋯ 엄마 수업이 언제 끝나나 빼꼼히 문 열어 나를 바라보는 아이의 눈과 마주쳐도 수업에 방해되지 않을까 싶어 따뜻하게 바라볼 수 없었다. 가장 후회되는 순간이다.

'지금 내게 중요한 건 우리 아이들이야!' 생각하게 된 순간이기도 하고, 딸아이의 "엄마가 필요해." 한마디는 나보다 내 아이를 먼저 바라보게 한 터닝 포인트였다. 아이는 하원하면 반겨주는 엄마를 필요로 했다. 함께 손을 잡고 편의점과 집 앞 매장들을 돌아다니며 간식도 먹고, 아파트 단지 놀이터에 앉아 친구들과 같이 놀다가 엄마를 부르면 아이의 눈을 맞춰 손을 흔들며 웃어주는 엄마를 필요로 했다.

일은 하고자 하면 언제든 할 수 있다고 생각해 미술학원을 정리하고 아이들에게 집중하자는 결정을 내렸다. 새파랗게 어둠을 밀어내며 오는 이른 새벽 집을 나서서는 까만 밤 숨죽여 조용히 들어서는 아빠의 일상에서도 '언제 이렇게 커버린 걸까?' 놀라며 아이와 함께하지 못하는 시간에 대한 아쉬움이 커져 지금이 아니면 안 되겠단 생각들로 가득 채워지고 있었다. "우리의 삶이 이렇

게 닳아져 무엇으로 기억될까?" 우리를 필요로 할 때 옆에 있어주자 싶었다.

전국 최초 공립대안초등학교 '노천'

코로나로 집콕 시간이 길어지면서 어느덧 여름이 되었다. 두 살 터울의 남매를 둔 우리 가족에게 아이의 첫 초등학교는 유년기 6년을 설계하는 중요한 시기였다. 도시의 대규모 학교들의 모습을 보면서 그 속에 내 아이가 있지 않았으면 하는 생각은 확고해졌다. 코로나 확진자수가 점점 늘어나고 장기화되니 자연스레 아이를 작은 학교로 보내고 싶다는 생각이 들었다.

학교는 주소지를 기준으로 정해지는 경우가 대부분이라 도심 외곽의 소규모 학교를 빨리 알아보기 시작했다. 도심 외곽 작은 학교들은 저마다의 특색을 가지고 아이들을 교육하고 있어 매력적이었지만 그마저도 주소지가 인근으로 되어 있어야 했기에 그 선택마저 자유롭지 못했다. 사립대안학교는 교육적 철학과 프로그램은 너무 좋았지만 종교재단에서 운영하는지라 종교적 색채가 너무 뚜렷해서 내키지 않았다.

남편의 고향이 홍천이다. 시부모님이 사는 곳이라 종종 오갔는데 전국 최초로 공립대안초등학교가 홍천에 생겼다는 이야기를 듣게 된 것이다. 처음 시부모님께 아이를 노천초교에 보내려고 알아본다고 했을 때 하셨던 말씀이 대안학교에 대한 사회적 편견을 가장 크게 느낀 부분이다. "문제아들 가는 곳에는 왜?"

우리 부부는 아이를 자유롭게 키우고 싶었다. 일률적이거나 정형적인 공간에 갇히지 않고 자유로운 분위기에서 아이답게 놀고 계절을 느끼며 커갔으면 좋겠다고 말이다. 이렇게 쌓아가는 유년 시절이 느리지만 탄탄하게 자기 삶을 지어갈 수 있는 밑거름이 될 거라 생각되어 대안초등학교의 개교 소식이 반가웠다.

먼저 인터넷 검색을 통해 학교를 알아보았는데 2019년 3월 이제 막 개교한 학교라 정보가 많이 없었다. 그러던 중 노천초등학교 설립과 건물 설계에 참여하는 등 그 중심에서 모든 과정을 함께한 선생님의 블로그 글을 읽게 됐는데 '노천초등학교는 어떤 곳이야?' 라는 궁금증이 '그래, 아이는 이렇게 커야지.' 하고 선생님의 이야기가 공감되어 고개를 끄덕이며 하나하나 찬찬히 그 글들을 읽어 내려갔다.

아이들이 오고 싶은 학교, 모두가 만족하는 민주적인 학교를 세우겠다는 생각으로 지금의 노천초등학교가 설립되었고, 실험하고 도전하며 아이들과의 경험 속에 철학을 녹여내어 선생님과 아이, 모두의 성장을 말하는 선생님 말이다. 교육철학과 소신을 가지고 생각을 펼쳐내 가시는 선생님들이 있어 감사했고, 그런 선생님들의 열정을 담은 학교라 꼭 아이가 이곳의 구성원으로 함께 했으면 했다.

아이의 실패할 권리를 존중하고 선택과 결정을 지지해 스스로 생각하고 문제를 찾아 해결해 나가며 경험을 쌓을 수 있는 기회를 열어주는 학교가 노천초등학교였다. 게다가 자연과 함께하는 학교라니! 우리 부부의 마음은 노천으로 기울었고 아이에게 학교를 보여주고 싶어 할아버지와 같이 노천을 찾아갔다.

9월의 끝자락, 학교 가는 길이 꽤나 멀게 느껴졌다. "엄마, 아직 더 가야 해?" 음… 15분 남짓한 시간인데 이렇게나 멀게 느껴질 일인가 싶기도 했지만 형형색색 건물이나 간판의 자극이 아닌 눈앞에 펼쳐진 산과 나무, 들판의 평화로움은 편안하다 못해 느슨하게 늘어뜨린 시간처럼 느껴졌다.

그렇게 도착한 학교 운동장에 놓인 축구공을 보더니 딸이 냅다 뛰기 시작한다. 유치원에서 배운 축구 실력을 한껏 뽐내며 골대망을 흔드는 킥도 보여준다. 학교 뒤쪽 모래놀이터는 '나는 아직 미완성. 계속 만들어지고 있다고!' 말하는 것 같은 인상이다. 입학 설명회 때 들었더니 그 놀이터는 실제 아이들과 만들어가는 놀이터라고 하셨다. 인공적인 기계의 다듬어진 질감이 아닌 조금은 투박하지만 나무로 하나하나 아이들과 선생님의 손으로 세워졌을 모습을 생각하니 그 놀이터에 담긴 아이들의 생각과 기대와 설렘들이 보이는 것만 같아 미소가 지어졌다. 로프를 커다란 나무 기둥에 고정하고 사이사이 징검다리 로프를 연결해 만든 곳에서 우리 딸은 "포기하지 않을 거다!"를 외치곤 몇 번을 그 징검다리에 매달려 뻘뻘 땀을 흘린다. 안 힘드냐는 엄마의 질문에 활짝 웃는 얼굴로 "재밌으니까 괜찮아!" 말한다. 그래, 너의 즐거움이 되니까 흘리는 그 땀이 뿌듯한 거야.

　노천초등학교의 입학전형은 일반 학교의 취학 통지서보다 빠르다. 취학 통지서를 보내는 관할 행정센터에 노천초 합격을 고지하고 주소지의 초등학교 입학을 취소해야 하는 절차가 있기 때문이다. 노천초에 오고 싶은 이유와 노천초에 오면 무엇을 하고 싶은지 작성해 제출하는 1차 서류 면접을 통과해야 하고 1차를 통과하면 2차로 학생과 학부모들이 면접을 봐서 노천초의 교육관과 맞는 노천 가족들을 뽑게 된다.

　아무래도 대안학교다 보니 대안학교의 순기능인 사회통합형 전형의 다양한 환경 속에서 보호받아야 할 아이들이 지원할 수 있고, 우리처럼 대안교육을 희망하는 다양성 전형의 친구들이 지원한다. 1차 서류 전형에 합격했단 소식에도 정말 온가족이 기뻐했지만 2차 면접에서 학교를 보고 놀아본 아이는 진짜 노천 가족이 되었다는 합격 소식에 더없이 행복해했다.

봄처럼 반가운 그대들

아이의 입학식 날, 3월 1일부터 내린 눈이 밤사이 대설이 되어 입학식 아침을 당혹스럽게 했다. 차를 덮은 수북한 눈을 보며 나는 이 눈 속을 어찌 헤치고 학교까지 갈까 고민이었지만 아이의 표정은 봄 햇살에 살포시 얼굴 내민 꽃잎마냥 한껏 상기되어 두발을 동동 구르며 하얀 눈 속을 행복하게 나뒹군다.

"엄마! 엘사가 다녀간 게 분명해요. 나뭇가지에 눈꽃 좀 봐요."

가지마다 소담히 쌓인 눈꽃이 3월에 장관을 선사한다. 잠시 감상에 빠져들다 정신을 차리고 서둘러 학교로 가자 싶어 발길을 재촉한다. 학교 가는 길은 제설 작업이 빠르게 되어 있었고 새하얗게 눈 덮인 풍경들을 보며 학교에 들어서니 눈을 굴려 노는 아이들의 모습이 보인다.

발이 빠지도록 수북이 쌓인 눈 위를 뽀드득 뽀드득 걷는 느낌이 참 좋았다. 온 세상이 하얗게 뒤덮인 모습이 새하얀 도화지처럼 아이들이 그려갈 형형색색 모든 색을 다 받아줄 것만 같다. "봄

처럼 반가운 그대들" 현수막을 걸어 1학년을 맞이하는 학교의 분위기도 참 따스하게 느껴진다.

1학년 신입생들이 숲에 모두 모였다. 열두 명 친구들의 이름을 한 명 한 명 불러주며 입학 허가증을 전해준다. 아이들 목에 걸린 왕초코 메달을 보고 있자니 웃음이 났다. '나무를 닮아가는 노천'은 학교 철학이다.

스스로 자라는 나무
함께 자라는 나무
나무는 성장한다
아낌없이 주는 나무
우리 모두가 나무다
스스로 뿌리를 내리고 자라는 나무처럼 자신의 힘으로 삶을 결정하는 아이들
함께이기에 쓰러지지 않는 나무처럼 관계를 통해서 함께 세상을 살아가는 아이들
오롯이 그려지는 나이테처럼 자신만의 모습으로 성장하는 아이들
자신의 모든 것을 내어주는 나무처럼 다른 사람을 위해 나만의

것을 나눌 수 있는 아이들

숲에 있는 많은 종류의 나무처럼 서로 다름을 인정하고 존중하는 아이들로의 성장 말이다.

학교 도서관이자 숲이라 불리는 이곳은 나무를 닮아가는 노천 아이들이 모여앉아 학교의 이야기를 나누고 학교 설명회, 신입생 면접, 입학식 등 학교에 일이 있으면 사람들이 모이는 공간이다. 숲은 1층과 2층을 연결해 다양한 통로를 품고 있어 동적인 공간의 연결성이 미로 찾기를 하듯 아이들이 이곳저곳을 마음껏 누비는 모습을 볼 수 있고 1층과 2층, 다락과 곳곳에 빈백, 흔들흔들 라탄 그네의자에 기대어 쉬거나 책을 읽는 아이들은 각자의 비밀 공간을 찾아 자신만의 시간을 보낸다. 숲의 한쪽은 커다란 풍경을 담아내는 통창으로 개방되어 계절이 담긴 마을의 모습과 멀리 굽이굽이 산세가 고즈넉이 무심하게 담기지만 아이들 시선에 닿는 이 풍경의 편안함이 내면의 여유로 남지 않을까.

앞에 서는 선생님의 자리는 교단 위 선생님을 올려다보는 아이들의 시선이 아닌 이야기하는 사람에 귀 기울이고 층계 층계 앉아 앞을 집중할 수 있는 권위적이지 않은 모습이다. 공간에 기능을 제한하지 않고 도서관 겸 놀이 공간, 쉼의 공간, 의견을 모으고 노천의 소식을 전하는 곳, 선생님들의 회의도 아이들의 수업도 하는 노천의 아이들이 모이고 함께하는 중심이 되는 곳이 숲이다. 숲 입구에는 나무 액자 속 사진들을 볼 수 있는데 그곳에는 노천 아이들이 교육철학과 방향에 따라 활동하고 성장해 가는 모습들이 담겨 아이들의 역사가 하나하나 따뜻하게 보이는 공간이고 학교를 찾을 때마다 채워지는 아이들의 모습이 궁금해 제일 먼저 찾는 곳이기도 하다.

아이들이 첫 학교생활을 할 교실을 들어서면 좌식책상이 디귿자로 잘 정돈되어 있고 운동장을 내다볼 수 있는 네모난 창문 대신 언제라도 바깥으로 바로 뛰어나갈 수 있는 외부와 문턱 없이 연결된 문은 아이들의 생활공간에 제약을 두지 않고 활짝 그 자유를 열어주는 것만 같아 인상 깊게 바라본 곳이다. 학교를 들어가기 위한 길이 하나가 아니라 어느 공간에서든 바람도 햇살도 아이들도 마음껏 통할 수 있다는 것이 참으로 멋진 일이다. 아이들의 마음과 시선을 담은 선생님의 설계가 반영된 덕분이겠지 생각하며 이곳을 제 세상으로 누릴 아이들을 생각하면 참으로 감사한 일이다. 아이들 학교에는 신발장이 각 교실마다 외부로 이어지는 문 앞에 위치한다.

아이를 직접 데리러 학교에 가는 날엔 아이 교실 앞에 서서 커다란 문 앞에 놓인 이리 저리 흩어지고 방향도 제각각 벗어진 저마다의 신발을 보면 아이들의 즐거움이 담겨 있고 친구와 하고 싶은 이야기와 재미를 담은 무엇이 있을 것 같아 그저 가만히 미소 지어 바라보게 된다.

스스로 만들어 가는 활동

노천초는 학기마다 공개 수업이 일주일간 진행된다. 1학년 1학기 교실 한켠에 가만히 앉아 아이들을 지켜보노라면 그 자유로움 때문에 뒤에서 안절부절 진땀을 흘린 기억이 있다. 좌식 책상이라 바닥에 눕는 아이도 있고 자신만의 편한 자세로 엄마 보랴 선생님 보랴… 선생님을 향한 존경이 절로 생기는 그런 공개 수업의 하루도 있었다.

1, 2학년까지는 아이들이 좌식 책상에 앉아 활동을 한다. 왜일까 궁금했는데 선생님께서는 내 척추를 바로 세워 아이들이 바로 서는 힘을 길러가기 위함이라 말씀하셨다. 2학년 2학기가 되면 목공시간에 자신이 앉아 생활하게 될 책상과 의자를 직접 만들어 3학년을 맞이하게 된다.

입학 설명회에서 인상 깊었던 하나가 무학년제 수업과 프로젝트 수업이다. 공립학교이기에 대안학교라도 학력이 인정되고 국어, 수학, 과학, 사회, 영어 공통 교과가 들어가고 그 외에 철학, 예술, 몸, 프로젝트, 자치, 공감소통이라는 대안 교과도 들어간다. 학교에는 교과서가 없다. 모든 교육 과정은 대안교육의 방향성을 가지고 선생님의 설계로 아이들과 활동한다.

그래서 아이들이 처음 입학할 때의 커다란 가방은 다시 가볍고 작은 가방들로 바뀌어 간다. 교과서를 넣고 다닐 일이 없고 책은 학교 도서관에서 빌려오는 책이 가끔 들어 있고 물통과 개인 소지품 정도가 전부다.

학년별 적은 정원의 인원이지만 무학년제 교육을 통해 학년이 섞여 서로 가르치고 배우는 교육 활동은 다양함을 듣고 소통할 수 있고, 프로젝트 수업은 아이들이 스스로 결정하고 만들어가는 자율성과 가변성을 가지고 통합의 지식 활용 교육 과정으로 함께 한다.

다양한 프로젝트 수업이 진행되는데 얼마 전의 '역경프로젝트'는 우리 딸의 일기 속에도 깊게 담기는 기억을 남겼다. 2주 간 진행된 역경프로젝트는 등산이었다. 난이도에 따라 5단계로 설계된 코스를 설명해 주시고 자신이 수행하게 될 단계를 스스로 선택한다. 프로젝트의 중심은 같은 코스의 친구들이 낙오 없이 함께 완주하는 것이다. 1단계는 가벼운 산책 정도의 평지 코스이고, 2단계는 남산으로 가파른 오르막도 많고 좁은 길도 있어 홍천 지역민들이 매일 몇 번이고 오르내리는 등산로이고, 3단계는 미약골이었는데 남산도 조금은 어렵게 느껴졌던 나는 아직 가본 적 없는 미약골이 걱정되어 딸에게 2단계로 조절하면 안 되겠느냐고 물어보았지만 딸은 할 수 있다며 생각을 바꾸지 않았다. 4단계와 5단계는 자전거를 타고 산길을 가는 코스였다. 남산도 힘들었던 터라 나는 도전하지 않을 코스라 확신이 들었다. 3단계를 선택한 딸은 평온하게 짐을 싸며 여벌옷은 필요 없다며 내가 준 짐들을 가방에서 뺐다. 나는 걱정 어린 시선을 거둘 수가 없었다.

학교를 마치고 돌아오는 버스에서 내린 딸아이의 모습을 보고 놀라는데 때마침 담임선생님께 전화가 걸려왔다.

"어머니, 수 모습 보고 많이 놀라셨죠?"

아이를 바라보니 아침과는 전혀 다른 옷들로 갈아입었고 신발은 젖어서 바지를 타고 물기가 올라오고 있었다. 선생님께서 차분히 이야기를 전해주시는데, 사전 답사에서 지났던 계곡의 물이 지난 번 내린 비로 조금 더 차올라 아이들이 건널 징검다리가 좁았는데 그 길을 건너다 균형을 잃고 그만 딸이 물에 빠졌다는 것이다. 아이가 온몸이 물에 빠져서도 끝까지 산을 올라 그 길을 완

주해 잘 돌아왔다고 하신다. 많이 놀랐을 텐데 아이의 의연함에 선생님들도 놀라고 칭찬과 격려를 아끼지 않으셨단다. 다행히 함께 갔던 언니의 여벌 옷으로 갈아입고 선생님이 벗어준 잠바를 입고 끝까지 함께했단다. 아이에게 괜찮냐고 물었는데 그 표정이 잊히지 않는다.

"엄마, 내가 포기하지 않고 끝까지 다녀왔어. 선생님이 엄청난 풍경을 보여주셨는데 길이 없는 곳에 길을 만들어주셔서 올라가 나뭇가지를 걷고 보니까 폭포가 진짜 멋있었어! 나는 한 번밖에 못 봤지만 진짜 근사했어."

아이의 표정에서 해냈다는 벅참과 두 눈에 담았던 근사했던 풍경을 바라보는 눈빛이 그대로 보여 얼른 아이의 몸을 안아주었다. 10월이라 서늘해진 바람에 집으로 얼른 돌아와 따뜻한 물에 목욕을 시켰다. 함께 둘러앉은 저녁 식탁에서 아빠에게도 오늘 일들을 전하며 뿌듯함이 가득 남았다. 딸아이가 방에 들어가 써온 일기를 보여주는데 물에 빠졌을 때 제일 먼저 달려와 자신을 도와준 선생님에 대한 감사함과 오늘 포기하지 않고 올랐던 산 목표 지점에서 보았던 근사했던 풍경을 기억하는 일기장에 오늘도 우리 아이가 크게 성장했구나 느꼈다.

무학년으로 진행됐던 도전 프로젝트에서는 보드게임을 설계해 게임 설명과 규칙 만들기, RC 카를 직접 조립하고 트랙을 만들어 경주대회와 시상하기, 꼼지락꼼지락 공예품 만들기, 곤충을 채집해 곤충을 관찰할 채집통을 만들고 꾸며주고 관찰일지를 쓰기, 버스로 떠나는 여행 코스를 짜고 일정을 계획해 직접 떠나보는 등 자신이 하고 싶은 도전을 제안서에 적어 신청한 뒤 참여하고 싶은 활동을 선택한 아이들이 직접 계획을 세우고 준비물을 요구하고 3일 동안 함께 활동한 후 보고서를 발표하고 나누는 활동이다.

딸은 버스 여행을 선택했다. 홍천은 교통편이 좋지 않다. 그래서 자차로 움직이는 생활이 익숙하다. 짧게는 한 시간, 길게는 두 시간에서 네 시간의 배차 간격으로 운행하는 버스 시간에 맞춰 떠나는 버스 여행은 자차로 원하는 목적지만을 향해 움직이던 아이들에게 새로운 경험이다. 그리고 버스카드를 찍어 직접 버스를 타본 경험이 없는 아이들이다. 긴장을 늦추지 않고 목적지를 기다리고 늦지 않게 정차 벨을 눌러야 하는 그 느낌을 알까?

노천초등학교에서 홍천읍으로 나오는 시내버스도 하루 여덟 대만 운행한다. 오전 배차 세 대, 오후 배차 다섯 대가 전부다. 아이들은 스쿨버스가 있어 시내버스를 탈 일은 없다.

아이들은 목적지를 정하고 목적지까지 향하는 버스시간과 경로, 요금, 주변 볼거리를 검색하고 일정과 필요한 물품 등을 계획해 제안서를 제출하면 선생님의 사전답사가 있고 도전 당일 아이들은 각자 만반의 준비를 하고 함께 도전하는 언니 오빠 친구들과 길을 나선다.

학교에서 홍천터미널로 나와 아이들이 계획한 서석으로 가는 버스를 타고 일정을 마치고 돌아오기까지 하루 일과가 꼬박이다. 자차로 홍천읍에서 서석까지 30분이면 가는 길을 시내버스로 가면 43분~1시간 23분이 소요된다. 처음 가는 마을의 구석구석을 탐색하고 계획했던 도서관, 성당, 동학농민운동 유적지를 찾아 낯선 동네의 이런저런 풍경들을 기억한다. 선생님이 사전답사로 찾은 동네 맛집은 역시 찐 맛집이었다며 점심을 먹고 흔들흔들 차창 밖으로 보여지는 5월 중순 봄이 가득한 풍경을 지나 돌아오는 여행이다.

노동의 가치

또 하나 노천만의 자랑이라면 '잎시장'이 있다. 노천만의 화폐인 잎은 은색 500잎 금색 1,000잎이 있는데 숲 앞 게시판에 노천

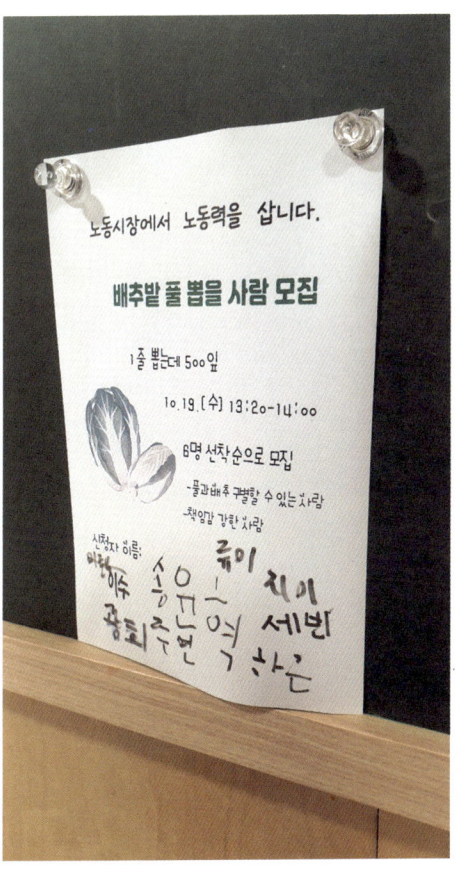

친구들의 이름이 쓰인 나무 조각이 반별 대기실에 옹기종기 모여 있다. 아이들이 스스로 활동하고 싶은 방과 후 활동을 기획해 게시하면 함께 하고픈 아이들은 스스로 자신의 이름이 쓰인 나무 조각을 게시물에 옮겨 참여 의사를 밝히기도 하고, 학교의 텃밭 가꾸기나 학교의 소소한 일들을 아이들이 스스로 도와 잎을 벌 수 있는 기회들이 있다.

얼마 전 공개 수업에 가니 텃밭에 심어놓은 배추 옆의 잡초를 제거하는 노동시장이 열렸는데 조건이 '풀과 배추 분별이 가능한 자', '책임감이 강한 자'였다. 고학년은 아무도 적지 않았을 것 같은 삐뚤 빼뚤 글씨들이 영락없이 저학년이겠구나 싶은데 그곳에 딸아이 이름도 있었다. 저학년은 잎이 많이 없을 것이고 곧 있을 겨울 잎시장을 준비하는 저학년 아이들의 바지런함이 또 귀엽고 삐뚤 빼뚤 글씨들이 사랑스러워 찰칵 사진으로 남겨본다.

가을 잎시장에는 뽑기, 채소가게, 네일아트, 맛탕, 달구지, 떡볶이, 어묵꼬치, 중고품 등 선생님과 학부모님, 학생들까지 다양한 아이템을 팔며 그동안 모아온 잎을 쓸 수 있는 시장이 한 시간 반 가량 열린다. 딸아이도 쿠키 판매 사업이 통과되어 기쁨의 일기를 남겼다. 마트에서 쿠키 믹스를 사다가 반죽하고 오븐에 구워 포장하는 일까지 하나하나 스스로 준비했다. 장사가 너무 잘

되어 금방 큰돈을 벌었다며 20분 개인 사업을 마치고 번 잎으로 풍족한 잎시장을 즐겼다.

잎시장은 학부모들도 참여할 수 있는데 이번에 아이들 아빠와 친구 아빠가 같이 힘을 합쳐 달구지 태워주기를 했다. 잎을 벌고 휴식 시간에는 그 잎으로 간식을 먹고 아빠들도 아이가 된 것마냥 그 시간을 즐겼다. 아이들은 아이들대로 부모님은 부모님대로 겨울 시장을 대비해 재미 가득한 잎시장을 구상한다. 겨울이니 운동장에 텐트를 치고 아이들과 캠핑 느낌을 내면 어떨까? 모닥불도 피우고 아이들과 마시멜로 굽기를 할까? 난로를 피워 군고구마도 팔아봐야지. 세트로 500잎이면 되겠지? 눈이 오면 눈썰매도 재밌을 텐데… 어쩌면 아빠가 더 신난 것 같다.

마을이 학교가 되고 학교가 마을이 되는 시간

노천의 일과는 일반 학교의 시간보다 느리게 흘러간다. 시간마다 20분의 쉬는 시간이 있고 점심 먹고 밥심으로 노는 시간도 100분이다. 5교시를 마치면 3시가 된다. 3시부터 20분간 쉬는 시간을 지나 노천의 방과 후 활동은 아이들이 스스로 하고 싶은 프로그램을 만들고 기획해 선택적으로 활동하는 '동동동'이 있고, 마을에 거주하는 분들이 선생님으로 프로그램에 참여하는 '햇살학교'가 있다. 붓놀이, 자연놀이, 그림으로 마음 표현하기, 기타, 도자기, 마을탐험대 등 마을이 학교가 되고 학교가 마을이 되는 시간이다.

며칠 전 아이가 에코백에 아크릴로 자신만의 멋진 그림을 그려 넣고 학교 인근 마을의 사과농장에서 달콤한 사과를 정 넘치게 따왔는데 마을에서 나고 자라신 어르신이 자신이 나온 초등학교가 노천초등학교였다며 그 이름을 이어가는 노천초 아이들에게 농장을 활짝 열어 사과를 따게 해주신 것이다. 마음이 참으로 감사하고 그 사랑을 아이들도 느낄 거라 생각된다.

학교 주변 마을 산책길에서 손에 쥐어오는 돌멩이, 나뭇가지, 꽃송이, 열매, 풀잎 같은 작은 무엇들에 늘 아이의 마음이 담겨온다.

"오늘 우리가 뭘 했는지 알아?"

이야기하며 표정을 담아온다. 학교로 오가는 길 사과나무 과수원, 개울, 은행나무길, 저수지, 들꽃들, 농작물이 자라는 들판, 일렁일렁 이어지는 산줄기와 초록 숲. 시야를 가리는 무엇 없이 눈에 담기는 모든 것들이 살아있다. 보이는 것만 그럴까? 후각으로 청각으로 전해지는 모든 냄새와 소리가 그대로 여과 없이 전해지는 살아있는 곳이기에 시시각각 표정을 담아 우리 아이 삶이 잘

충전되어진다 생각된다. 홍천으로 잘 왔구나, 우리는 잘살고 있구나 생각한다.

비워진 만큼 채워지는 여유

  늘 넘치는 것들에 익숙했던 나는 부족함이 느껴지는 이곳의 생활이 가끔은 불편하기도 단조롭기도 했다. 넘쳤기에 채워지지 않음은 결핍으로 다가왔고 그 결핍을 마음에서 덤덤하게 볼 때까지 비워 내니 다시 내 삶으로 하나하나 채워졌다. 홍천은 아직 옛 모습을 간직한 공간도 많고 자연에서 주는 에너지가 특히 크다. 북적이는 사람들 틈 속에서 거리를 두어 나를 느끼고 주변을 감상할 수 있는 여유를 갖게 되는 것 같다. 한눈에 들어오는 시가지의 풍경은 안정감을 주었고 나의 필요에 따른 선택은 간단명료했다.

  그 안에서 찾아가는 소소한 즐거움을 알고 오롯이 나에게 집중하고 나를 위해 살아갈 수 있는 이곳을 애정으로 얘기하는 나를 발견한다. 자신의 삶속에 무엇을 담을지는 자신의 몫이다. 어느 공간에서 어떤 가치를 가지고 어떤 이야기와 삶을 만들어갈지 나는 선택했다.

  아이들과 걷는 홍천강변길을 참 좋아한다. 화려한 불빛은 없지만 적당히 야경을 느낄 만한 아름다운 빛은 담기고, 잔잔하게 흐르는 강변의 물줄기가 풀벌레 소리와 함께 적막함을 달랜다. 걷는 길 풍경을 보게 되고 함께 걷는 우리 가족의 표정이 보이고 목소리가 들린다. 적당히 한적하고 적당히 고요하고 적당히 우리를 알고 있는 기분이 든다. 한여름 산책길 물길을 따라 널따란 바위에선 발 담궈 잠시 쉬어가도 좋고, 조용히 흐르는 물줄기를 느끼며 마음을 살랑살랑 내려놓아줄 수도 있다. 우리 집 주방 창으로 보이는 그 산책길은 나의 힐링 포인트! 바라보는 그 풍경이 변함없이 있어주기에 언제라도 편안함이 된다. 하나하나 찾아가는 나의 힐링 포인트들이 늘어가는 재미 속에서 나의 홍천 라이프는 계속된다.

8

못생겨서 어쩌라구,
못난이배를 키웁니다

─김준옥

 2013년 내가 홍천에 올 때는 귀농귀촌 붐이 일어나던 시절이었다. 나도 그 붐에 따라 제2의 인생 어쩌구 하며 귀농을 했다. 남편의 절친 집 옆에 작은 땅을 구입해 집을 짓고 이사를 왔다. 처음 시골 생활은 신기했고 새로운 사람들과의 만남이 좋기만 했다. 서울에서만 살아온 나에게 초등학교 동창 모임이 부럽기도 했고 치열한 서울 생활에 비해 느긋하고 여유로운 생활도 맘에 들었다. 남편 친구가 빌려준 밭에 고추와 옥수수를 심고 농사를 시작했다.

 시골 생활이 마냥 즐겁기만 한 것은 아니었다. 사람 사는 일이 다 그렇듯 홍천 생활에도 조금씩 익숙해지니 트러블도 생기고 맘도 상하고 조금씩 상처도 생기기 시작했다. 남의 집 숟가락이 몇 개인지까지 알고 싶은 시골 사람들과 앞집에 누가 사는지도 모르고 살던 서울 사람은 서로 이해할 수 없는 부분이 많아졌고 8시만 되면 잠들 준비를 하는 시골 생활은 밤 문화에 익숙해 있던 우리를 조금씩 답답하게 했다. 치킨도 한 마리는 배달이 안 되는 시골이라 치맥이 생각나도 대리비가 엄청나서 엄두를 못 냈고 주변에 귀농한 사람들과 가끔 대화를 하면서 귀농하기 전 생활을 되새기고 또 술을 즐기던 남편과 집에서 한잔 하면서 맘을 달래곤 했다.

맘이 연한 남편이 상처 받기 시작할 즈음 남편의 절친이 갑자기 세상을 떠났고 졸지에 그가 하던 배과수원을 맡아 과수원 농사를 시작했다. 나는 과수원 농사가 좋았다. 어릴 적 읽었던 소설 속 과수원은 너무나 낭만적이고 예뻤으니까.

"동구밖 과수원길 아카시아꽃이 활짝~" 하는 노래도 좋아했는데 어릴적 낭만을 생각만 해도 행복했다. 농사는 주로 남편이, 판매는 내가 하는 생활이 시작되었다. 농업기술센터에서 교육도 열심히 받고 관광두레 모임에도 참가하면서 진짜 귀농인이 되어가는 기분이었다. 마을의 일원이 되어 의견도 내고 과수원에 원두막도 짓고 화장실도 만들고 희망을 꿈꾸기 시작했다.

과수원 농사를 시작한 지 8년째다. 그사이 남편도 간암으로 세상을 떠났다. 2019년 7월 말에 장례를 치르고 나니 모두가 위로를 하는데 슬픔이 실감나지 않고 무덤덤하기만 했다. 남편 없이도 씩씩해서 보기 좋다는 말이 죄스럽게도 느껴지고 상처가 되기도 했다. 홍천 생활을 계속해야 하나 다시 서울로 가야 하나 고민하며 새해를 맞이했다. 물론 2019년 농사는 엉망이었다. 배농사를 시작했지만 지난 5년간은 내가 뭘했나 싶게 아는 것이 없었다.

이대로 끝낼 수는 없었다. 과수원에서 꿈꾸던 일들을 제대로 해보고 싶다는 의지가 내 속에서 피어나고 있었다. 뭐부터 해야 할지 계획을 세워 보았다.

1. 친환경으로 맛있는 배 키우기
2. 배나무 50% 분양하기
3. 맘 편하게 쉴 수 있는 과수원 만들기

내가 사는 동네는 홍천 배단지이다. 홍천의 총 30여 곳의 배농가 중에 우리 동네에만 10여 개의 배농가가 있고 남면에 20여 배농가가 있다. 홍천에 배농사가 시작된 지 22년이 넘었고 작목반 회장님을 비롯해 이웃농가들 모두 배농사에 전문가들이다. 무식하면 용감하다고 했던가. 그렇게 용감하게 시작했던 일들이 어느새 벽에 부딪치고 많은 어려움이 생길 때마다 나는 주변 도움으로 조금씩 익숙해졌다. 모든 일이 그렇듯 알면 알수록 알아야 할 것이 더 많아진다. 주변에서의 도움도 한계가 있었다. 관행적인 농사는 나와 맞지 않는 것이 많았다.

배농사는 명절에 판매해야 되는 수량이 80% 이상이라 대부분 추석에 맞춰 판매가 가능하도록 성장촉진제를 써서 크게 빨리 익힌다. 여자 혼자 농사 짓느라 힘든데 돈도 많이 못 버는 나를 안쓰럽게 생각하는 예전 과수원 주인과 주위 사람들은 내가 성장촉진제를 안 바른다고 성화다. 과수원을 하면 돈을 벌어야지 때를 놓치면 팔기도 어렵고 목돈도 안 된다고 난리다. 명절이 지나면 판매되는 것이 푼돈이 되어 돈을 모을 수가 없다. 추석 때가 됐는데도 크지 않은 배를 보면 나도 살짝 속이 상하기도 한다. 하지만 그것도 잠시, 큰돈 쓸 일도 별로 없고 하니 별 아쉬움도 없다. 잘하고 있다고 생각한다. 스스로가 기특하기도 하다.

배농사 1년을 돌아본다. 구정이 지나면 과수원 일이 시작된다. 홍천의 겨울은 추워서 오전 10시부터 오후 2시까지만 일을 한다. 3월 초까지는 전정 작업을 한다. 가지치기를 해서 낡은 가지는 자르고 새 가지를 만들어주는 작업이다. 처음 전정은 전문가에게만 의지했는데 3년이 되니 조금 익숙해졌고 중간에 동네 배전문가가 일주일 정도 도와주면 전정이 끝난다. 우리 농장은 20년이 넘어서 'Y자덕'으로 조금 구형이다. 3단 사다리를 올라 잘라내야 하기에 조금 위험하기도 하다. 요즘은 '평덕'으로 키를 작게 키워서 작업하기가 편리하다. 그래도 우리 농장이 뷰는 더 좋은 듯하다. 잘라낸 가지는 잔가지 파쇄기로 잘라 밭에 뿌려서 정리한다.

3월엔 쇠똥과 퇴비로 거름을 주고 본격적인 농사가 시작된다.

4월엔 꽃이 피기 시작하면 꽃몽우리를 따주고 4월 25일엔 드디어 배꽃이 만개하고 과수원에 사람들이 와서 사진도 찍고 각자 맘에 드는 나무를 골라 이름표를 단다. 웃음소리가 골짜기를 울린다. 배나무 밑에 돗자리를 펴고 가족들이 식사도 하고 즐거워하는 모습을 보면 과수원 운영에 보람을 느낀다.

5월엔 적과를 한다. 배를 한 가지에 열 개 정도만 남기고 다 따준다. 이 작업이 가장 중요하고 힘이 든다. 배는 커야 된다는 선입견 때문에 적과를 하고 나면 성장촉진제를 발라준다. 성장촉진제를 바르면 크기도 커지고 맛도 빨리 든다. 원래는 씨를 단단하게 키우는 시기라 크기는 멈추고 후손을 위해 씨에 집중하는데 이때 성장촉진제를 바르면 씨를 튼튼하게 만들지 못해 저장성이 떨어져 배가 빨리 무르게 된다. 그래서 나는 성장촉진제도 보톡스도 바르지 않고 작으면 작은 대로 못생기면 못생긴 대로 그대로 키운다. 맛이 좋아야 좋은 먹거리니까. 올해처럼 추석이 빠를 때는 성장촉진제를 발랐으면 추석에 많이 팔았을 텐데 후회가 되기도 한다. 그러나 그것도 잠깐이고, 지나고 나면 소신을 지킨 내가 대견하다.

6월엔 봉지 싸기를 시작한다. 봉지 싸기 전에 풀도 베어주고 황금배를 시작으로 원황배 화산배 신고배 순으로 진행한다. 길기만 했던 봉지 싸기가 끝나면 커가는 배를 보며 한숨을 돌린다. 승용예초기 덕에 풀 베는 작업이 한결 쉬워졌다. 나무와 나무 사이는 그래도 예초기를 메고 풀을 베야 한다. 나무 사이에 제초제를 치면 쉽게 잡초를 잡을 수는 있는데 그럴 수가 없다. 아이들이 와서 맘껏 뛰놀수 있도록 해야 하니까. 내년에는 나무 사이로도 승용예초기를 타고 풀을 깎을 수 있도록 과수원 리모델링을 준비 중이다. 조금씩 생산량도 늘어나고 성장촉진제 없이도 자연스레 커가는 배를 보면 뿌듯하기도 하다.

7월, 8월이 지나고 9월엔 드디어 배를 따기 시작한다. 선별을 하고 박스에 담아 택배 포장을 한다.

10월엔 신고를 따고 숙성시켜 저장하고 11월부터는 판매를 시작한다. 배따기 행사를 하던 날 주먹밥에 된장국을 나누어 먹고

페친이 가져온 약식 맛에 모두 감탄했다. 이런 즐거움에 배나무 분양을 하고 행사도 한다.

어쩌다 보니 혼자서 농사를 지은 지 2년이 넘어가고 있다. 트렉터는 아직 미숙하지만 잔가지파쇄기, 승용예초기, SS기, 관리기 등의 기계 덕에 혼자서도 농사가 가능했다. 아직은 만족스럽지 못하고 일에 밀려 다니는 모습이 맘에 안 들지만 내년엔 조금 더 익숙해지고 스케줄도 내가 조정하리라 맘먹고 있다. 그런데 왜 우리 배는 예뻐지지 않는지, 화장을 해야 하나 고민이 된다.

듀오가족농원은 일교차가 큰 홍천의 기후 탓에 당도가 높고 물이 많고 시원한 배를 생산하고 있다. 벌과 바람으로 자연 수정을 하고 성장촉진제를 쓰지 않고 제초제를 쓰지 않아 다소 못생겼지만 맛있는 배를 만들기 위해 노력 중이다. 청개구리와 달팽이가 살고 있는 농원으로 지친 삶에 위로가 되는 쉼터가 되었으면 한다. 옛것에 대한 향수로 어린 날의 추억을 되살리고 배꽃의 꽃말처럼 온화한 애정과 위로를 주는 가족 같은 배농원이 되었으면 한다.

과수원의 고즈넉한 원두막에서 자연스러움과 여유로움을 느끼고 언제든지 다시 오고 싶은 곳이 되길 바란다. 다양한 체험 행사를 통해 행사에 참여하는 사람들에게 도시 생활에서 벗어나 따뜻한 삶의 위로를 받을 수 있는 시간이 되길 바란다. 그래서 조금 못생겨도 건강한 배를 만들려고 한다. 그리고 이곳에서 넉넉한 과수원 할머니로 늙어가고 싶다.

9

너도 이제
자연인이다

—박경희

　나는 3년 전만 해도 천당 밑 분당이라는 곳에서 서울 강남으로 직장을 다녔다. 지금은 도심의 매연을 가끔은 그리워하며 강원도 홍천에 살고 있고 이런 나를 친구들은 '홍천댁~'이라고 부른다. 내가 홍천으로 거주지를 옮긴 건 〈나는 자연인이다〉라는 TV 프로그램을 너무나도 사랑하던 남편 때문이다.

　남편은 분당에서 도시농부학교를 다니는 열성을 보이기도 하고 시도 때도 없이 주말과 주중을 가리지 않고 케이블 TV에서까지 〈나는 자연인이다〉 프로그램을 찾아 돌려 보고 또 보면서 지겹게 자연인을 숭배했다. 자기 인생 버킷 리스트에 귀촌이 올라있다나 뭐라나. 하지만 내 인생에 귀촌은 없었다. 내 이름도 할아버지가 서울 경, 계집 희를 써서 서울 여자라고 지어주셨다. 그래서 나는 도시에서 살아야 하는 운명의 여자라고 생각하며 잘 살아오고 있었는데 말이다.

 귀촌을 꿈꾸던 남편은 주말여행이라는 명분으로 귀촌 후보지였던 제천, 원주, 춘천, 홍천, 영월, 양평, 가평, 정선을 주말마다 나와 함께 다니길 원했다. 마침 그때는 나도 도심에서 사람 상대하는 일을 오래 해서 나름 스트레스가 쌓였었는지 내심 주말여행이라는 말에 귀가 솔깃했다.

 남편과 나는 처음에는 인터넷 부동산에 나와 있는 매물 정보를 기준으로 여기저기 부동산을 다니며 땅이나 집들을 알아봤다. 우리의 주말여행이 계속되면서 남편은 전공인 컴퓨터를 활용하여 인터넷 부동산에 나와 있는 매물들을 위성 지도로 검색하며 본인만의 코스를 짜기 시작하는 영민함을 보이기도 했다. 하루에 부동산을 두세 곳 들르는 코스로 지역의 맛있는 음식점까지 검색하여 리스트를 작성했다. 주말마다 그런 여행을 한 지 3~4년이 흘렀고 양양고속도로가 개통되기 한해 전 우리가 최종적으로 귀촌을 선택한 곳이 홍천이었다. 홍천은 우리에게 설레임을 주는 곳이었다.

 땅을 사고 집을 지으면서 주말마다 홍천에 오는 5도2촌 생활이 시작되었다. 그렇게 2년을 살았다. 평생 서울에서만 자라 고등학교 때부터 아파트에서 살았던 남편과 결혼 전까지는 지방에서 주택 생활을 하다가 결혼 후 서울의 편안한 아파트 생활을 시작한 나는 나이 들어서 하는 5도2촌 생활이 재미있기도 했다. 우리는 금요일 저녁이 되면 퇴근 후 집에서 간단하게 짐을 꾸리고 마트에서 시장을 잔뜩 봐 늦은 밤 홍천으로 내려오곤 했다.

새소리에 잠이 깨는 홍천에서의 아침은 상쾌하다. 늦은 밤이면 도심에서는 잘 보이지 않던 별들이 쏟아지는 풍경을 볼 수 있는데 말로 다할 수 없을 정도로 황홀하다. 홍천에서의 주말들은 상상을 넘는 기쁨이고 힐링 그 자체였다.

주중에도 주말이 그리워질즈음 드디어 우리는 20년 분당살이를 접기로 했다. 남편은 직장이 수원에 있어 가까운 곳으로 전세 들어가고 나는 직장을 접고 홍천으로 이주했다. 그런 이유로 우리는 두 집 살림을 하며 처음으로 주말부부가 되었다. 친구들은 전생에 나라를 구한 사람만이 주말부부를 할 수 있다며 부러워하기도 했다. 이렇게 우리의 주말부부 생활은 3년째 현재 진행형이다.

우리 부부의 홍천 생활은 때로는 투덜거리며 작은 언성이 오가기도 하고, 때로는 찾아오는 손님맞이로 바쁜 나날들을 보내기도

한다. 여전히 5도2촌 생활 중인 남편에게 찾아온 가장 큰 변화는 더 이상 〈나는 자연인이다〉 프로그램을 보지 않는다는 것이다.

주말에 홍천에 오면 남편은 도시인에서 자연인으로 탈바꿈한다. 늘 풀과 잡다한 일이 쌓여 있는 전원주택을 관리하느라 바쁘다. 홍천에서는 봄 텃밭에는 모종을 심고, 여름엔 풀과 전쟁을 벌이고, 가을에는 텃밭을 정리해야 하고, 겨울에는 눈을 쓸어야 한다. 도시에서 화이트칼라로 일하는 남편이 몸을 이렇게 많이 쓰는 것을 볼 땐 안쓰러운 마음이 들기도 한다. 남편의 땀 흘리는 수고가 있어야 그나마 집을 깨끗하게 유지할 수 있으니 어쩔 수 없다. 남편은 홍천에서의 주말을 즐거운 마음으로 기꺼이 일하는 데 보낸다. 텃밭에 퇴비를 주기 위해 땅을 갈아엎으며 삽을 들고 말한다. 자기는 대한민국 삽 사단 출신이라고. 피 끓는 청춘일 때 3년의 군대 생활에서 얻은 경험이라며 본인을 삽질의 달인이라고 말하기도 한다. 우리 집 삽질의 대가 자연인 남편의 탄생이다.

남편과는 반대로 나는 집안에서 바깥 풍경 보는 것을 더 선호한다. 이쁜 꽃과 따 먹을 수 있는 텃밭의 열매를 눈으로 보는 것만 좋아한다. 텃밭의 모기떼가 나를 좋아하는지 항상 나만 물집이 생길 정도로 물어댄다. 내가 자연인이 아닌 도시인인 것을 모기도 본능적으로 아는 걸까?

홍천에서의 생활에는 분명 불편함도 따르지만 이제 나도 점점 이곳이 좋아지고 있다. 처음 집을 짓고 정원에 심을 나무와 잔디를 고르고 또 화단엔 어떤 꽃을 심을지 남편과 머리를 맞대고 많은 시간을 고심했는데 그 결과물이 어느덧 3년이라는 시간이 흘러 나무, 잔디, 화단의 꽃들 모두 각자 자리를 잡았다. 남편의 열정과 수고 덕분이다. 남편은 홍천에서 땀 흘리면서 텃밭에서 수확한 야채들을 거두는 생활이 즐겁다고 한다. 나는 속으로 소리친다. '그래 너도 이제 자연인이다!'

완전한 자연인을 꿈꾸는 남편은 내년엔 다니던 직장도 마저 정리하고 홍천에서 생활하기로 결정했다. 주말부부만이 누리는 일상의 자유로움이 이제 나에겐 얼마 남지 않아 한편으론 아쉽지만 도시에서는 맛볼 수 없는 즐거움과 온전한 쉼이 있는 홍천에서 남편과 함께 인생 2막을 얼른 시작하고도 싶다.

여름날 소나기가 저 앞산에서 비를 몰고 오는 소리를 들을 수 있고, 한여름 밤 텃밭 뒤쪽에서 반딧불이 춤추며 다가오는 것을 볼 수 있는 곳이 바로 우리 집이다. 우리 집에는 진정한 자연인을 꿈꾸는 남자가 살고 있다.

10

도시 여자와 농촌 남자를
이어준
수타사 가는 길

―심정요

서울 토박이인 내가 강원도 남자와 결혼했다고 말하면 사람들은 대개 놀라며 묻는다. "우와, 두 분은 어떻게 만나신 거예요?" 그럴 때마다 성심껏 답해주지만 사실 속마음은 이렇다. '그러게요, 저도 그게 신기해요.' 내가 십 대 때 도시 여자와 농촌 남자의 만남을 주선해주는 TV 프로그램이 있었다. 그걸 보면서 든 생각은 한 가지뿐이었다. '아니, 저 여자들은 왜 굳이 농촌 남자랑 결혼한담?' 30년 후 내가 바로 그 주인공이 될 줄은 그때는 미처 몰랐다.

선 봐서 결혼했다가 성격 차이 등으로 힘들어하는 엄마를 보고 자란 나는 어렸을 때부터 절대 선은 보지 않으리라 결심했다. 어른들이 정해준 짝이 아니라 내가 찾아낸 운명적인 사람과 뜨겁게 연애하고 결혼하겠다는 야심(?)으로 가득했다. 그랬던 야심은 점차 현실과 타협하며 사그라들기 시작했다. 길고 짧은 연애를 반복하는 동안 경제적 독립은 멀어지고 30대 후반에 들어서자 드디어 선 보라는 본격적인 압박이 들어오기 시작했다.

도시 여자인 나는 봄이면 올림픽공원에서 열리는 서울 재즈페스티벌에 가야 하고, 가을이면 자라섬 재즈페스티벌에 혼자라도 가서 음악을 들어줘야 하는 인간이었다. 한 달에 두 번은 꼭 예술의 전당, 대림 미술관, 리움 미술관을 두루 섭렵하며 전시를 봐줘야 했다. 음악 취향이 같은 사람들끼리 한강에 모여 피크닉을 즐기는 모임도 빼놓을 수 없었다. 죽고 못 사는 남자친구가 없더라도 꽤 만족스러운 문화 생활을 누리고 사는 덕분에 옆구리가 허전하다는 생각은 들지 않았다.

처음에는 선 자리를 뻥뻥 쳐내며 반항도 해봤다. 하지만 장녀로서 부모님께 뭐 하나 해드린 것도 없는 터라 죄송한 마음이 점점 커져갔다. 하여 효도 차원에서 선을 보기 시작했다. 근심이 가득하던 엄마 얼굴에 모처럼 화색이 돌았다. 친척 분들까지 나서서 열성적으로 맞선 상대를 소개시켜주셨다. 어른들의 소개다 보니 내가 원하는 꽃미남 스타일은 찾기 어려웠다. 어느새 선 보는 자리는 나에게 회사 업무의 일환처럼 느껴지기 시작했다. 분명

퇴근을 했는데 다시 일하러 가는 기분이었다. 내키지 않는 상대가 나와도 최대한 예의를 차려가며 무사히 치러내는 일이 반복되었다.

  시내 카페에서 어색한 인사와 영혼 없는 호구 조사, 격식을 차린 몇 마디를 나누고 헤어질 때면 몸과 마음이 너무 피곤했다. 피곤해보이는 건 남자 쪽도 마찬가지였다. 간혹 괜찮은 한정식 집을 예약한다든지 차로 데려다주는 매너 좋은 분들을 만나기도 했다. 그런 분들조차 이번엔 내가 채식을 한다고 하면 까탈스러워 보이는지 바로 떨어져나갔다. 좋아서 만난 연애 시절에는 채식이 전혀 문제가 되지 않았기에 이러다가 내가 과연 결혼이란 걸 할 수 있을까 의구심까지 들기 시작했다.

그러던 어느 날이었다. 엄마가 강원도 남자와 한번 만나보라고 했다. "에잇 참, 무슨 강원도까지 가서 선을 봐요?" 효도 차원에서 나가는 것도 한계가 있지 결혼 못 해 환장한 것도 아니고. 내가 따지자 엄마는 피식 웃으며 말했다. "혹시 아니? 공주 대접을 해줄지." 코가 꿰어버린 효의 길이여. 부글부글 짜증을 억누르며 일단 나가보기로 했다.

며칠 후 갑자기 카톡에 메시지가 떴다. '혹시 심정요 씨 되십니까?' 뭐야? 내 폰이 해킹을 당했나? '맞는데, 누구시죠?' 예전에 카드 해킹을 당한 적이 있는 터라 내 대답에는 잔뜩 날이 서 있었다. 알고 보니 강원도 맞선남이었다. 나중에 안 사실인데 당시 남편도 선을 보다 보다 짜증이 났지만 여동생이 일단 만나보라고 해서 나온 거라고 했다. 통화해보니 내 또래에 비해 성숙한 목소리였다. 남자는 강원도 인제에 산다고 했다. 나를 보러 서울까지 두 시간이나 차를 몰고 올 생각도 있다고 했다. 그렇게 장거리를 오라고 하기도 부담스럽고 어차피 봐야 할 선이니 빨리 끝내고도 싶었던 나는 서울과 인제의 중간 지점인 홍천에서 보자고 했다. 남자는 무척 반색을 했다.

맞선 당일은 꽤 쌀쌀했다. 12월의 강원도는 더하겠지 싶었다. 추운 건 질색이지만 예의는 차려야 했기에 따뜻하면서도 격식을 갖춘 옷차림을 고민했다. 결국 두툼한 패딩에 원피스를 받쳐 입고 중간 굽 앵클부츠를 신었더니 키가 170을 훌쩍 넘었다. 그러곤 별 기대 없이 홍천 터미널에 도착했다. 지금껏 선자리가 그랬듯 보나마나 커피숍에서 두어 시간 떠들다 헤어지겠거니 했다. 나는 내리자마자 서울행 표를 끊으러 매표소로 향했다. 그때 나를 보고 있던 누군가가 아는 척을 했다. 먼저 도착한 맞선남이었다. 힐끗 돌아보니 역시나 나는 나름 꾸민다고 원피스까지 입었건만 일하다 나온 듯한 검은 점퍼에 나보다 작은 키, 마른 두 다리가 눈에 들어왔다. (나는 나보다 키 큰 남자 아니면 절대 결혼할 생각이 없었다. 남자는 당시 나를 보고 너무 커서 놀랐다고 했다.)

그런데 어라? 남자는 준비된 자만의 여유를 보이며 뜻밖에도 괜찮은 코스를 짜왔으니 같이 차에 타자고 했다. "여기 한우 맛있게 하는 데가 있거든요." 나중에 알고 보니 한우는 홍천의 5대 명품 중 하나였다. 설마 한우를 마다할 사람이 있으랴. 그런데 그게 바로 나였다. "죄송한데, 제가 채식인이라 고기를 안 먹거든요." 남자의 얼굴에 당황한 기색이 역력했다. 이쯤 되면 분위기가 썰렁해지면서 적당히 몇 마디를 나누다가 헤어지기 마련인데 이 남자는 달랐다. 남자는 다시 준비된 자만의 여유를 되찾더니 말했다. "그러면 수타사로 가실까요?" '수타' 하면 수타면, 혹은 미스터

피자만 떠오르던 그때, 처음 듣는 절 이름이라 무척 신선했다. 예나 지금이나 돌아다니는 걸 좋아하는지라 이렇게 코스를 짜왔다는 것 자체가 고마웠다. 나는 냉큼 차에 올랐다.

수타사는 생각보다 멀었다. 그만큼 이야기하는 시간도 길어졌다. 두런두런 웅성거리는 말소리 속에서 영혼 없는 대화가 공기 속으로 흩어지곤 하던 카페와 달리 차 안에서 나누는 대화는 훨씬 밀도 있고 깊이가 있었다. 차 안에는 어색한 침묵을 메꾸어줄 배경 음악도 주변 사람들의 대화도 없다. 그래서인지 대화는 끊임없이 이어졌다. 다행히 남자와 나는 산책을 좋아하고 자연을 좋아한다는 공통점이 있었다. 남자에게 집이 있다는 말에도 마음이 솔깃했다. 또한 당시 귀농과 흙집에 관심이 있어 오륙십 대 아재가 그득한 카페에 가입한 덕에 시골살이에 관심은 있지만 텃세 때문에 걱정이 된다는 둥 사람들이 모여 사는 작은 마을일수록 이웃의 일거수일투족에 관심이 많다는 둥 할말이 많았다. 결정적으로 "여기도 다 사람 사는 곳이에요."라는 별 것 아닌 그 한마디는 나중에 홍천에 신혼집을 마련한 계기가 되었다.

이런 저런 이야기를 하다 보니 수타사 입구에 도착했다. 당시 겨울이었고 날씨가 무척 쌀쌀했지만 양옆으로 늘어선 가로수와

쭉 뻗은 길이 꽤 운치 있었다. 서울에서는 느껴볼 수 없는 청량한 공기가 콧속을 훅 파고들었다. 왼쪽으로 계곡물이 얼어붙어 있었지만 졸졸 흐르는 모습을 떠올리기는 어렵지 않았다. 봄이 되면 얼마나 예쁜 산책로가 될지 기대가 되었다. 초록 잎으로 뒤덮인 수타사 가는 길을 상상하니 기분이 좋아졌다. 난생 처음 온 홍천이란 동네에서 뜻밖의 선물을 받은 기분이었다. 수타사 가는 길은 오늘 처음 만난 두 사람이 걷기에 딱 좋은 산책로였다. 굽 있는 신발을 신은 탓에 꽁꽁 언 길이 다소 미끄러웠는데 그 핑계로 손을 잡기에도 좋으리라. 꼭 손을 잡지 않아도 마음의 거리를 좁히기 충분했다.

입구에서 수타사까지 걸어서 15~20분 정도 걸렸지만 계곡, 나무, 조각상이 있는 다리 등 다채로운 풍경 덕에 지루하지 않았다. 오히려 수타사 자체보다 주변 풍경이 더 마음에 남았다. 수타사는 한눈에 보기에도 고색창연한 절이었는데 생각보다 오래되었다는 사실에 깜짝 놀랐다. 건립 시기는 708년, 무려 삼국시대에 지어진 절이었다. 말로만 듣던 천년고찰이었다. 절에는 국사책에서나 보던 〈월인석보〉도 있었다. 알고 보니 수타사는 홍천이 내세우는 보물 중의 보물이었다. 절을 딱히 좋아하는 편은 아니지만 첫 만남에 진중한 인상을 주기에는 괜찮았다. 나와 달리 절을 무척 좋아하는 남자는 수타사에 깊은 감명을 받은 눈치였다.

　20분 넘게 걷고 절도 둘러보고 나니 출출해졌다. 우리는 수타사 입구 밥집에 가서 메밀전병을 시키기로 했다. 나는 몇 년 전 화천에서 메밀전병을 한 번 맛본 이후로 우리 동네 농협 앞에서 매주 메밀전병 판매 직원이 오는 날만 기다렸다가 꼭 한 줄씩 사곤 했다. 때로 바빠서 못 사면 동생에게 부탁했다. 그래서 집안 식구들 모두 메밀전병 팬이 되었다. 그런데 수타사 근처에서 파는 전병은 채식인인 나에겐 아쉽게도 잘게 다진 돼지고기가 들어간다고 했다. 이번에도 남자는 준비된 자만의 여유로 홍천시장에 곤드레밥 맛있게 하는 곳이 있다며 나를 이끌었다. 거기가 바로〈이모네식당〉이었다. 오직 곤드레와 밥, 간장뿐인 소박한 음식이었지만 의외로 엄청 고소했고 감칠맛이 풍부했다. 입안 가득 퍼지는 향긋한 곤드레 향과 구수한 간장의 어우러짐에 어느새 한 공기를 싹 비웠다. (나중에 남편은 데이트코스로 한우를 예상했는데 곤드레밥으로 바뀐 덕에 만이천 원으로 데이트 비용이 굳어서 기뻤다고 너스레를 떨었다)

　도시 여자인 나에게 또 하나 놀라웠던 건 외부음식 반입도 괜찮다는 안내문이었다! 서울에서는 상상도 못할 일이었다. 가게 문을 밀고 들어갈 때 가장 눈에 띄는 자리에 큼지막하게 박힌 문구는 언제나 '외부음식 반입불가'였으니까. 이를 본 남자는 얼른 나가 고기가 들어 있지 않은 메밀전병을 사왔다. 화천에서 먹었던 전병보다는 맛이 좀 덜했지만 괜찮았다. 홍천에서는 홍총떡이라고 부른다고 했다. 내가 맛있게 먹자 남자는 아예 메밀전병 한 박스를 사다주고 서울 집까지 바래다주었다. 기대하지 못했던 엄청난 호사를 누렸다.

그날 밤 우리 집 식탁 위에 놓인 메밀전병 한 박스를 둘러싸고 엄마와 동생들이 감탄을 했다. 이제껏 예전 남친들에게서 꽃바구니, 케이크, 인도과자 등을 받아온 적은 몇 번 있었지만 메밀전병만큼 온가족이 열광한 선물은 없었다. 맛 때문이 아니라 상대를 기쁘게 해주려는 마음이 감동적이었다. SNS에 자랑삼아 올리자 남자는 뭘 이런 걸 가지고 감동하냐면서도 내심 기뻐하는 눈치였다. 그날 밤 받았던 닭살스러운 카톡 메시지가 떠오른다. 자세히는 기억나지 않지만 돌아가는 길에 별빛을 바라보니 내 눈이 생각났다나 뭐라나.

지금껏 나간 숱한 선자리처럼 카페 가서 두 시간 얘기하고 돌아올 줄만 알았는데 뜻밖에 수타사와 메밀전병이라는 선물을 받았다. 기껏해야 컵라면 정도일 거라 기대했는데 의외로 잘 차려진 한정식 만찬을 대접받은 기분이랄까. 수타사 산소길이 어떤

마법을 부렸는지 그 이후 과정은 마치 순풍에 돛단배처럼 순조로웠다.

  수타사를 다녀온 덕분인지 남자가 제안한 템플스테이도 함께 하게 되었다. 아직 사귀기로 한 건 아니라서 전날까지 이태원 클럽에서 놀다 지갑을 잃어버리는 통에 약속 장소까지 두 시간이나 늦어버렸는데 남자는 화내는 기색도 전혀 없이 차를 몰고 서울까지 와주었다. 이것이 바로 찐사랑이라는 거구나! 여유 부리다 지각하고 덤벙대는 나와 달리 시간 약속 딱딱 맞추고 계획한 일을 착착 해내는 남자에게 내심 감탄하며 든든함을 느꼈다. 그래서일까. 거기서 만난 스님이 남자를 적극 밀어주었다. 강원도 남자가 진국이라는 어떤 분 말씀도 그럴싸했다. 템플스테이를 다녀온 뒤에는 인제 자작나무숲길을 가기도 했고 그렇게 한두 달쯤 만난 뒤 남자는 정식으로 부모님께 인사드리고 싶다고 했다. 부모님께 깍듯한 남자를 만나본 우리 엄마는 그길로 아는 스님께 달려가 날짜를 잡았다. 2월에 상견례를 했고 5월에 식을 올리기로 했다. 그래서 남자와 나는 만난 지 6개월 만에 초고속(?)으로 결혼하게 되었다는 이야기.

  물론 지금의 남편과 결혼을 결심하게 된 가장 큰 계기는 어려운 일이 생겼을 때 나를 떠났던 다른 남자들과 달리 문제를 해결하고 함께 극복하자고 말해주었던 유일한 사람이기 때문이었다. 남자는 눈 닿는 곳마다 듬직한 모습으로 버티고 선 강원도의 웅장한 산을 닮았다.

기혼자에게 결혼할 사람을 어떻게 알아보냐고 물어보면 으레 '이 사람이다!'라는 느낌이 온다고들 하는데 믿거나말거나 그 말은 사실이었다. 준비한 계획(한우 고깃집)이 틀어지자 포기하지 않고 메밀전병이나 곤드레밥 등 계속 다른 선택지를 찾아내는 여유로운 모습에서 이미 그런 느낌을 받았다. 그러니 남자가 웃을 때 잡히는 눈가와 콧잔등 위의 자글자글한 주름도 귀여워보이는 게 아니겠는가. 남자의 작은 키도 이제는 서로가 눈을 마주보며 웃을 수 있다는 장점으로 여겨지는 게 아니겠는가.

길다면 길고 짧다면 짧은 6개월, 그렇게 가랑비에 옷 젖듯 남편의 매력에 스며들고 만 것이다. 남편과 함께 있으면 태산같은 어려움이 닥쳐와도 함께 헤쳐나갈 수 있겠다는 믿음과 듬직함이 느껴지는 것도 좋았다.

결혼하고 보니 도시 여자와 농촌 남자라는 타이틀만큼 우리 둘은 달라도 너무 달랐다. 결혼 전에는 남편이 내게 맞춰주느라 무

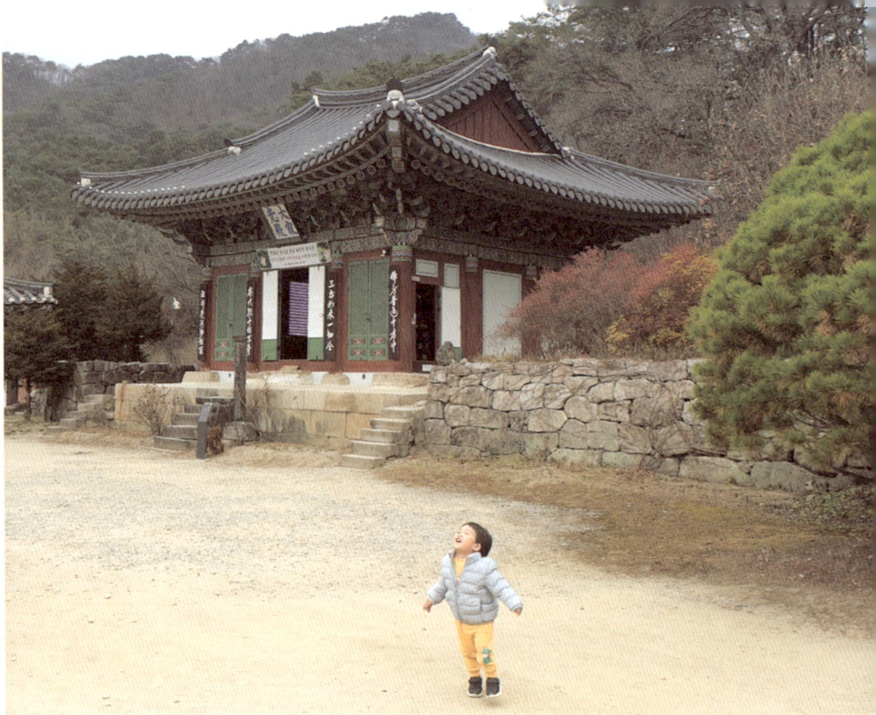

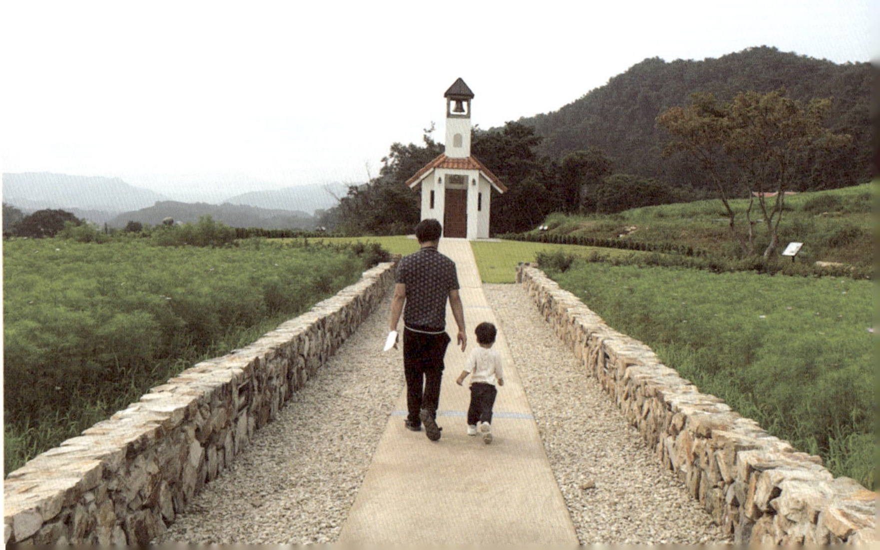

리한 거였다. 분위기 좋은 카페에서 아포가토를 즐기는 나와 달리 남편은 쉴새없이 몰려드는 곤충을 손으로 쫓아야 하는 정자에서 삼겹살과 소주를 즐기고 순댓국을 좋아했다. 트롯 열풍이 꺼지기만을 간절히 기다린 나와 달리 남편은 〈전국 노래자랑〉, 〈가요무대〉 애청자였다. 그래도 자라섬 재즈페스티벌에 기꺼이 따라가주었고 10년 만의 미국 여행에도 동행해주었다. 나 역시 남편이 즐기지 않는 백화점 쇼핑은 다른 사람과 가면서 서로 맞춰가려고 노력했다. 결혼하고 보니 취향이 맞는 건 산책뿐이었지만 홍천 강변을 함께 걸으며 서로에게 서운했던 부분을 이야기하다 보면 또한 해결되지 못할 문제는 없었다.

서울과 강원도 인제의 중간 지점인 홍천. 도시인과 농촌인이 만나 새로운 삶을 시작하기에 이보다 제격인 곳이 있을까? 우리는 비교적 편리한 교통과 강변 산책로 등 도시와 농촌의 강점이 합쳐진 홍천읍에 자리 잡았고 서로 다른 환경에서 살아온 우리 둘의 삶도 자연스럽게 하나로 녹아들었다.

결혼한 지 3년 후 남편의 콧주름을 고대로 이어받은 아들이 태어났다. 동그란 눈과 동그란 볼, 알밤같은 동글동글한 두상에 웃기도 잘 웃으니 지나가는 사람마다 미소를 짓는다. 산책을 좋아하는 엄마를 둔 덕에 아기는 뱃속에 있을 때부터 맑은 날, 흐린 날

가릴 것 없이 홍천 강변을 구경하고 걸음마를 뗀 뒤에는 바람을 가르며 강변길을 달려간다. 바람이 선선한 날이면 엄마와 아빠가 종종 올랐던 남산 입구 어린이 숲 체험 교실 트램펄린 위에서 신나게 뛰논다. 남편이 널찍한 등을 보이며 앞서가면 아기는 키들키들 웃으며 아빠를 따라 달린다. 투닥투닥 다투었다가도 금방 기분이 가라앉는 걸 느낀다. 서울에서는 느끼기 힘든 여유와 편안함이 공기처럼 온몸을 감싼다. 마음이 지쳤을 때 만나게 된 의외의 즐거움과 인연, 그것이 홍천이라는 럭키 박스가 내 인생에 준 선물이다.

11

걷다 보니
부산에서 두바이까지!?

— 최범용

"날씨도 좋은데 조금 걸을까."

처음 길을 출발할 때 내 마음은 이렇듯 가벼웠다. 벚꽃이 눈처럼 흩날리던 그날, 나는 눈꽃송이처럼 내리는 아름다운 벚꽃 길을 걸었다. 그게 시작이었다. 고단했던 회사생활을 사표 한 장으로 날려버리고, 홀가분히 고시원을 나설 때 가방 하나가 내 집의 전부였다.

이왕 이렇게 된 거 서울 살면서 못 가봤던 곳들을 둘러보기로 했다. 제일 처음 간 곳은 서대문 독립공원이었다. 생각보다 가까웠고, 회사생활이 바쁘다는 핑계로 그동안 서울을 둘러본 적이 없었다는 생각에 씁쓸하면서도 기분이 조금 들떴다.

먼저 독립문을 보았다. 현판을 보면서 문득 '나는 지금 무엇으로부터 독립하고 있는 것인가?'라는 생각이 들었다. 다음으로 걸어서 도착한 곳은 전 일본 대사관 앞에 있는 평화비소녀상이었다. 가까이서 보니 굳게 다문 입술과 작지만 꽉 쥔 손이 소녀의 결연한 의지를 제대로 전달하고 있었다. 소녀상의 결연한 모습에 나도 결연한 느낌이 들어 잠시 묵념했다. 소녀상을 지나 청계천을 걸었다. 잘 꾸며진 청계천을 걸으며 '언젠가 별빛이 쏟아지는 밤길을 연인과 같이 걷고 싶었는데.' 하는 아쉬운 마음이 들었다.

나는 서울에서 내가 가장 좋아하는 곳으로 향했다. 과거와 현재 또 오늘이 함께하는 곳. 서울 살 때도 홍천 살 때도 시간이 나면 꼭 가보곤 했던 곳이다. 갈 때마다 매번 새로운 모습을 보여주는 그곳은 동묘이다. 할아버지, 할머니가 장을 보면서 젊은이들이 옷을 사러 오는 곳이고, 과거의 LP판을 구하기 좋은 동네이기도 하고, 유통기한을 얼마 남기지 않은 물건들을 싸게 팔며, 유리를 붙이는 투명액이나 새로운 발명품, 그리고 말도 안 되게 값비싼 물건들도 있다. 다양함이 조화를 이루지 못할 듯 또 조화를 이루는 동네이다.

올 때마다 유통기한 얼마 남지 않은 먹을거리를 저렴하게 파는데, 나는 동묘 전문 호구답게 올 때마다 혹해서 가방이 터지게 사곤 했다. 그날도 눈이 휘둥그레질 만큼 많은 먹을거리를 판매하고 있었고 나도 모르게 검은 봉지가 꽉 차도록 샀다. 특히 육포를 열 봉지나 산 것을 당시에는 후회했는데 여행을 다 끝낸 후 이 결정이 괜찮은 결정이 되었을 줄은 그 당시에는 몰랐다. 오랜만에 천 원 토스트와 고기튀김도 먹었다. 스물세 살 군인일 때 처음 가 본 동묘에서 먹었던 천 원 토스트는 시계가 멈춘 듯 아직도 천 원이었고, 천 원에 벌벌 떨던 20대 나만 만 원에 벌벌 떠는 30대 내가 되어 있었다.

그렇게 동묘 벼룩시장에서만 세 시간을 보내고 발걸음을 돌렸다. 역 앞에 녹색 자전거가 보였다. 서울시의 발이 되어 준다는 따릉이. 잘 모르는 앱과 10분을 씨름한 끝에 어렵사리 따릉이를 탈 수 있었다. 한강에 도착했다. 아침에 고시원을 나서며 날씨가 좋아 조금 걷자던 것이 한강에 이르렀고 벌써 노을이 지고 있었다. 노량진에서 공무원 준비하면서 힘들 때 한강에 지는 노을을 바라보며 위로받았었는데….

여행 첫날 나의 걸음은 3만 보를 넘어서고 있었다. 저녁이 되어 숙소비도 아낄 겸 찜질방으로 향했다. 씻으려는데 그제야 설레는 감정 때문에 느끼지 못했던 발의 통증들이 한순간에 몰려왔다. 오랜만에 많이 걸었더니 다리는 붓고 발바닥에는 여기저기 물집이 잡혀 있었다. 아팠지만 최근 들어 가장 행복한 날이라는 생각이 들었다.

다음 날 수원으로 향했다. 수원화성에서 화성어차도 타보고 활도 쏘고 통닭 거리에서 혼자 치킨도 뜯었다. 용인으로 넘어가 한국민속촌도 방문했다. 용인을 끝으로 이제 걷는 걸 그만두고 집으로 돌아갈까 하는 생각이 들던 그때 친구에게서 전화가 왔다.

"뭐하냐? 하도 연락이 없어서 죽었는 줄 알았다. 왜 통 연락이 없었냐?"

원주에 사는 고등학교 동창이었다. 친구에게 3일 동안 걸었던 이야기를 했더니 친구가 말했다.

"참 너답다. 그런 김에 원주도 들러라."

친구도 그때 회사를 그만두고 이사를 하는 중이었고 지금밖에 시간이 안 되니 원주로 빨리 오라고 했다. 버스를 타고 원주로 갔다. 오랜만에 만난 친구와 부어라 마셔라 술잔을 나누었다.

"그래서 이제 뭐할 건데?"

"아직 모르겠어. 걸으면서 생각 중인데 아직 못 정했어."

"그럼 며칠 쉬고 가든가."

3일을 쉼 없이 걷다 보니 친구의 말이 안락하게 느껴졌다.

다음 날 나도 모르게 새벽에 눈이 떠졌다. 새벽에 차가운 공기를 마시며 친구 집 주변을 걸었고, 문득 '조금만 더 걸어보자'라는 생각이 들었다. 걸음이 나에게 진짜 휴식처럼 느껴졌고 더 걷자는 생각을 하게 되었다.

다니던 대학교에 들러 동아리방도 구경하고 시내인 영주까지 걸어갔다. 영주에 도착하니 어느덧 날이 어두워져 맛있는 저녁을 먹기 위해 나의 최애 식당을 찾았다. 내가 영주서 제일 좋아하는 식당은 명동감자탕이다. 감자탕을 맑고 하얗게 끓여주고 매운 등뼈찜을 맛있고 매콤하게 해줘서 좋아한다. 매운 등뼈찜을 먹고 살짝 땀이 난 상태에서 하얀 감자탕의 맑은 국물을 마시면 매운맛도 사라지고 속도 진정시킬 수 있어 금상첨화 최고의 조합이다. 등뼈찜은 맛있게 매운 정도에 땅콩 가루가 올려져 고소함이 살짝 느껴지는데 그게 또 이 집의 매력이다.

그렇게 영주에서의 하루를 보내고 그날도 찜질방에서 잤다. 다음 날부터는 정처 없이, 지도도 안 보고 걸어보기로 했다. 그렇게 걷다 보니 문경을 지나 구미에 도착했다. 다리가 아팠다. 며칠을 쉼 없이 걷고 또 걷다가 나는 그만 길을 잃었다. 산 중턱을 넘기 시작한 시각이 오후 5시였는데 저녁 8시쯤에는 다리까지 삐었다. 순간 머리가 하얘졌다. 조금씩 걸어보려고 일어섰는데 통증이 너무 심해서 걷질 못했다. 왈칵 눈물이 쏟아질 것 같았는데 그래도 핸드폰에 신호가 잡혀서 근처 택시 회사로 전화했다. 그런데 외각이라 이 시간에는 안 온다고 했다. 절망적이었다. 지푸라기라도 잡는 심정으로 이번에는 카카오택시를 불렀다.

잠시 후 택시가 배정되더니 전화가 왔다.

"거기 어딥니까?"

"저, 사실 제가 여기가 처음이라 길을 모르겠어요. 산 중턱에 있는 도로고요. 다리만 괜찮으면 제가 내려갈 텐데 다리를 삐어서 한 발자국도 못 움직이겠어요."

내 말을 들은 기사님은 잠시 말이 없더니 금방 가겠다며 전화를 끊었다. 1분이 마치 몇 년 같았다. 10분 후 택시 기사님이 구세주처럼 빛났다. 기사님은 직접 나를 부축해주셨고 택시는 시내로 출발했다.

"어디 갈라고 산을 넘고 있었어요? 뭔 국토대장정 같은 거라도 하나?"

택시 기사님은 궁금하신 듯 내게 질문을 건넸다.

"아니요, 그렇게 거창한 건 아니고 목표 없이 한번 걸어보고 싶어서 걷고 있었어요."

"희한한 사람이네. 그래서 그렇게 걸으니 재밌어요?"

"네. 아직까지는 재미있네요."

숙소에 도착하니 몸은 땀으로 절어 있었다. 욕실에서 땀에 찌

든 옷을 벗고, 삔 발목의 상태를 보려고 양말을 벗었는데 터진 물집과 상처로 피범벅이었다. 발목도 코끼리 발목처럼 부어 있었다. 영광의 상처라는 생각에 욕조에 물을 받아 찜질하고 물집도 다 터트려 정리했다.

    다음 날 밀양을 거쳐 부산으로 가는 목표를 세웠다. 목표가 생기니 지도를 보고 걷게 되고 걷는 걸음도 빨라졌다. 도저히 더는 걸을 수 없겠다는 생각이 들쯤 부산에 도착했다. 15일 동안 아무 목표 없이 걷다 도착한 곳이 부산이었다.

    제일 먼저 가보고 싶었던 깡통시장으로 가보았다. 부산의 시장은 나에게 별천지 같았다. 여러 먹거리가 있었고, 일본 제품들도 팔고 있어 국제시장이라는 느낌이 들었다. 특히 〈이가네 떡볶이〉 집은 물 없이 무로 국물을 만들어 떡볶이를 만드는데 국물이 진득하면서도 시원해서 지금도 가장 좋아하는 떡볶이 가게가 되었다.

    숙소에 돌아와 이제 어디로 갈지 고민하고 있을 때 '딩동' 광고 문자가 왔다. '제주도 비행기 표 행사 중 5만 원' 원래는 서울까지 다시 걸어서 돌아갈 생각이었는데 광고 문자를 보고 제주도에 표를 예약했다. 그렇게 제주도 여행이 시작되었다. 제주도에서는 제주 사람처럼 한번 지내보기로 했다. 가장 저렴한 2만 원짜리 방을 일주일 예약했다. 제주 동문시장 야시장에서 전복 계란말이 김밥도 먹고 오징어 한 마리를 튀겨주는 오징어튀김을 들고 호텔로 돌아왔다.

다음 날은 동네를 산책해 볼까 싶어 또 정처 없이 걸었다. 걷다 보니 서울 따릉이 같은 자전거가 있었고 자전거를 타고 바다를 보며 길을 따라 계속 달렸다. 길은 아름다웠지만 가다 보니 언덕을 넘어가게 되었고 가면 갈수록 오르막이 심해졌다. 결국 자전거를 매고 산을 넘듯이, 등산하듯이 갔다. 지나가는 분들에게 들어보니 그 길이 제주 둘레길 별도봉이었다. 그러고는 숙소 쪽으로 와서 주변을 걷는데 골목이 아름다웠다. 골목 담벼락에는 입술 모양 전시물도 있었고, 옛날 아이들의 놀이 모습, 태권 브이 같은 옛날 만화 그림이 벽에 그려져 있었다. 마치 예술작품 전시장을 걷는 느낌이었다.

딱히 어디를 가지 않고 5일을 걸었다. 제주도까지 온 김에 한 번은 관광지를 가보자 했고, 그때 마침 TV에서 마라도 짜장면 투어가 나왔다. 바로 짐을 챙겨서 배를 타러 갔다. 마라도는 한눈에 섬이 다 들어올 만큼 작고 아담했다. 한 바퀴를 도는 데 한 시간도 안 걸렸다. 나름 짜장면 투어를 마치고 제주도로 돌아가는 배 안에서 우연히 짜장면 가게에서 합석했던 아저씨와 이번 여행 이야

기를 나누게 되었다. 제주도에 도착할 때쯤 아저씨가 대뜸 자기랑 같이 움직이자고 했다. 평소라면 모르는 사람과의 동행은 거절했겠지만, 그날은 나도 그러고 싶었다.

아저씨는 걷기만 했던 나에게 제주도를 제대로 보여주겠다고 했다. 정방 폭포, 천지연 폭포 등 제주도에서 유명한 관광지를 소개해주었다. 저녁은 아저씨가 아는 곳이라며, 제주에서 꽤 유명한 소고기 음식점에 데려가서 가장 비싼 소 한 마리 메뉴를 시켰다. 여행 내내 돈을 아끼려고 싼 음식만 먹었는데 그날은 생각지 못한 비싼 식사를 했다. 아저씨와 술잔을 기울이며 이런저런 이야기를 나누었고 인생 선배로서 좋은 말씀을 많이 해주었다. '살다 보면 실패하고 힘든 게 당연하다'는 아저씨 말이 가장 마음에 남았다.

부산으로 돌아와 다시 걸어서 홍천 집으로 갈 계획이었는데 친구에게 전화가 왔다.

"친구 바쁘냐? 안 바쁘면 두바이 와라. 비행기 표는 내가 보내줄게."

친구의 말이 조금 어이가 없어 웃음이 났다. 두바이에서 근무하는 친구가 가끔 두바이로 놀러 오라고는 했는데 이번에는 비행기 표를 보내 줄 테니 진짜 오라는 것이었다.

"나 돈 없다."

하지만 친구는 돈 걱정은 말고 오라고 했다. 잠시 후 또 다른 친구에게 전화가 와서 자기랑 같이 가자고 설득하는 통에 말도 안 되는 상황이었지만 두바이로 가게 되었다.

두바이는 비행에만 열 시간이 걸렸다. 거의 하루를 날아 두바이에 밤에 도착했고 날씨는 가을 날씨 같았다. '두바이는 생각보다 안 덥구나.' 했는데 오산이었다. 다음 날 숙소를 나섰는데 40도였다. 서 있기만 해도 땀이 주룩주룩 흘렀다. 우연히 쇼핑몰에 들어갔는데 들어서자마자 부자의 향기가 확 전해졌다. 두바이는 건물도 현대적이고 길에서도 특유의 향기가 났는데, 친구 말로는 거리에도 향을 뿌린단다.

두바이에서 일주일을 보내며 일을 하는 사람은 대부분 외국인이어서 놀랐고, 진짜 돈의 끝을 보았다. 말도 안 되게 비싼 차들이 사막에 버려진 모습과 현실에서 볼 수 없을 거 같은 비싼 차들이 도로를 달렸고 어마어마한 금장식들과 건물들은 세상에 돈이란 돈은 다 여기 있다고 알리는 것 같았다. 만 원 한 장에도 벌벌 떠는 내가 참 초라해지는 곳이었지만 그만큼 생각을 크게 키울 수 있었다.

두바이에서 가장 좋았던 것은 밤거리였다. 두바이 시내의 밤은 조용하면서도 조명이 화려해서 마치 22세기 미래를 걷는 느낌이었고, 특히 사막에서의 밤은 아라비안나이트에 나오는 것처럼 어둡고 별빛만이 쏟아지는 느낌이었다. 시내와 사막이라는 상반되는 두 곳에서의 두바이의 밤은 시내는 시내대로 사막은 사막대로 아름다움이 느껴져 기억 속에 깊이 각인되었다. 차량 사막 투어도 하고, 처음 낙타를 보았을 때 전시품인가 오해할 만큼 커서 깜짝 놀랐고, 거대한 나를 태워준 낙타에게 미안했다. 생각지 못한 행복한 두바이에서의 일주일이 꿈처럼 지나갔다.

　처음 걷기 시작했을 때가 4월이었는데 두바이에서 돌아왔을 때 5월이 되어 있었다. 한 달을 목표 없이 걷기 시작했고, 부산을 거쳐 제주도를 건너 두바이까지 가게 되었다. 돌아보니 내가 했던 고민들은 꼭 필요했던 것도 아니었고 걷다 보니 다 잊을 수 있었다. 그때부터 나는 과거를 후회할 것도 없고 미래의 고민까지 현재로 끌어와 괴로워할 필요도 없다고 생각하기 시작했다. 나는 걸으면서 온몸으로 느낄 수 있었다. '나는 어제도 내일도 아닌 오늘을 살고 있다.'라고.

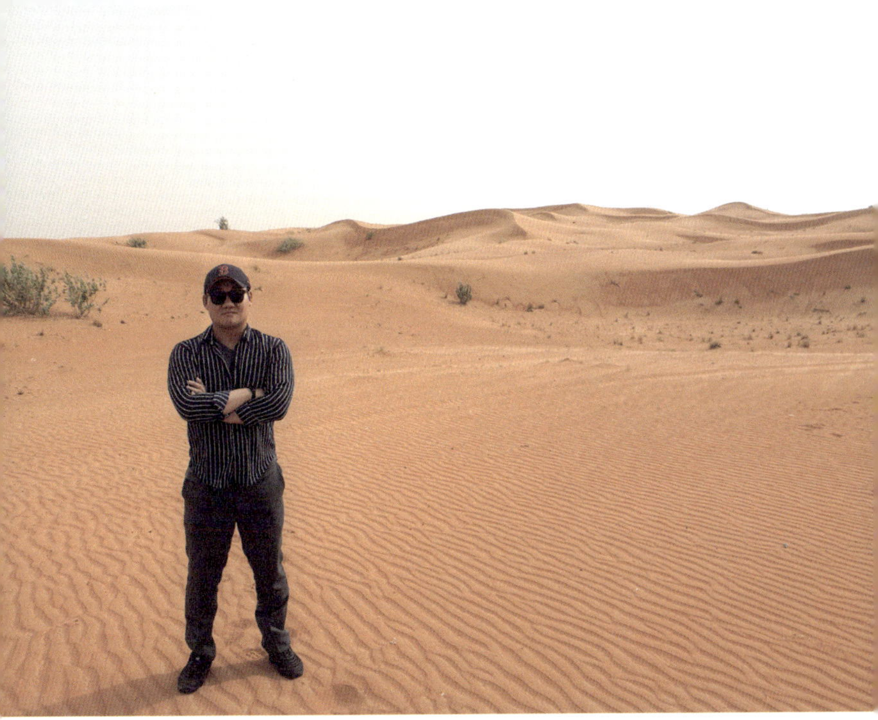

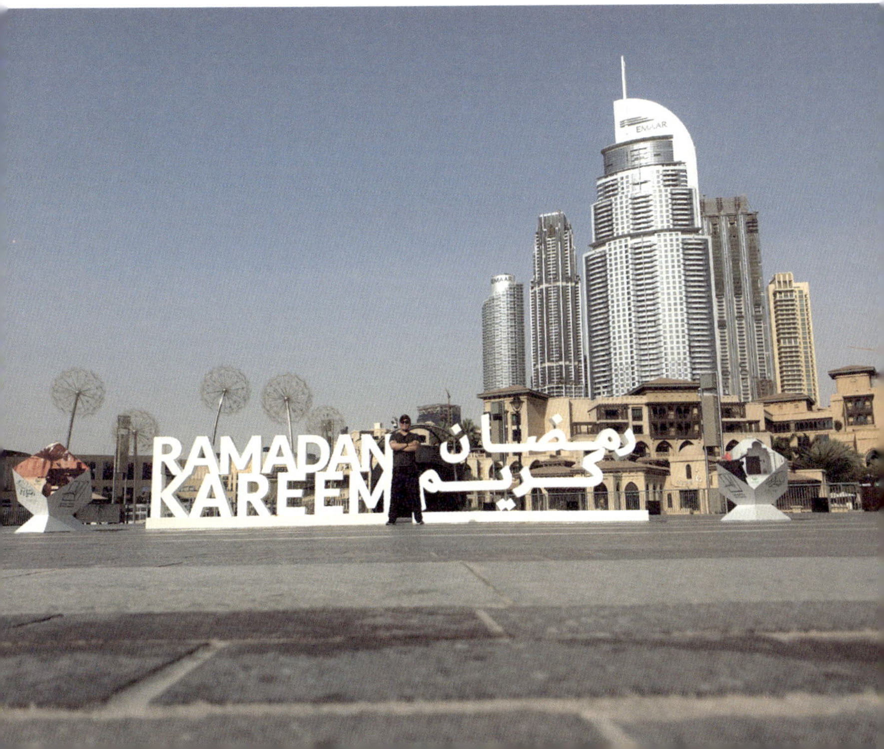
EMAAR
RAMADAN
KAREEM
رمضان
كريم

12

서른 살
츤데레 바리스타 아들과
엄마의 카페스토리

— 정미진

 나는 서른 살짜리 아들과 홍천에서 카페를 한다. 내 사업을 하던 사람이 이 나이에 아들과 카페를 차릴 줄은 꿈에도 몰랐다. 귀농을 해서 이런저런 사업을 하다가 다 정리하고 커피 좋아하는 아들만 믿고 아들 카페에 쌈짓돈을 털어 투자했다. 보통 투자자나 사장이라면 아침에 출근해서 우아하게 커피 한 잔 마시고 카페 상황 살짝 체크하고 볼일 보러 다니다가 마감할 때즈음 수금해서 퇴근하는 거 아닌가? 그런데 난 아직도 카페에서 설거지를 하고 화장실 청소까지 한다.

 아침에 일어나면 커피부터 들이켜야 하는 커피 수혈자이자 '커피는 원래 쓴 거야' 했던 내가 몇 년 전 아들 손에 이끌려 카페 쇼에 구경 간 적이 있다. 카페 쇼에서 유난히 긴 줄이 있었는데 한참을 기다린 끝에 종이컵 바닥에 겨우 깔릴 정도로 적은 양의 '게이샤'라는 커피를 받아들었다. '뭔 커피를 이렇게 쬐끔 준데? 야박하게'라고 생각하면서 한 모금 시음하던 순간 나도 모르게 "이게 무슨 커피야! 와인이지!" 감탄사를 내뱉었다. 커피에 대한 나의 생각도 그때 180도 바뀌었다. 커피에서 바디감을 느끼고 꽃 향을 맡을 줄은 나도 몰랐으니까. 그렇게 나는 커피의 신세계를 알아버렸고 커피를 제대로 좋아하게 되었다. 그래도 내가 카페까지 운영하게 될 줄은 몰랐다. 게다가 아들과 같이 하게 될 줄이야.

예전부터 '내가 전문가가 되지 말고 전문가를 가져다 쓰자'라는 생각은 늘 가지고 있었다. 그래서 커피 마스터 과정 자격증까지 취득한 아들과 카페를 해도 괜찮겠다는 생각이 들었다. 첫 시작은 투자자였지만 카페가 자리 잡을 때까지 "최소한 6개월은 마이너스일 거야."라는 아들의 말에 '그럼 카페가 자리 잡을 때까지는 같이 일해야겠다'라는 생각으로 카페를 시작했고 그렇게 나의 초보 바리스타 생활이 시작되었다.

지금 생각해 보면 그냥 처음부터 일은 못 한다고 했어야 하나 싶기도 하지만 그때는 모든 자영업이 인건비 먹자고 하는 일이란 생각이 먼저였다. 그렇게 아들에게 홀려서 어느 날 정신 차려보니 개업식 때 청소를 하고 있었고 첫날 이름도 생소한 카페 메뉴부터 익히기 시작했다.

  이날 만들어본 메뉴가 여섯 개 정도였나? 시트러스 에이드, 아인슈페너, 클라우드치노, 제주말차밀크, 초코칩밀크, 다크초코칩 스무디 등등. 사실 커피 인생 30년 동안 아메리카노와 라떼와 카푸치노만 먹어봤던 사람이라 메뉴 이름부터 생소했다. 달달한 음료를 좋아하지 않아서 더 커피만 마셨었다. 아는 게 거의 없으니 레시피를 통째로 외워야 하는 일 자체부터가 고난의 시작이었다. 어영부영 아들에게 물어갈 생각만 했던지라 더 어렵고 실수 연발이었다.

  오픈하고 첫 주, 예기치 못한 일로 아들이 가까운 곳에 볼일을 보러 나갔다. 아들이 나가면서 "오픈 초반이니까 손님 없을 거야." 했는데 아들이 나가자마자 갑자기 단체 손님이 밀려들었다. 오픈 초반이어서인지 오히려 메뉴도 다양하게 주문했다. 차로 5분 거리에 있는 아들에게 전화를 했다. 근데 웬걸. "왜 자꾸 전화야. 금방 갈 거야." 되려 나한테 짜증을 냈다. 그렇게 두 시간이 지난 후 돌아와서는 "손님 많았네." 하고는 쿨하게 넘어가더라. '뭐 저런 놈이 다 있지?'

  아들은 아빠를 닮아서 나와는 달리 외향적이고 사람 좋아하고,

어릴 때부터 우리가 너무 민주적으로 키웠는지, 부모에게도 할 말 다하는 스타일이다. 원래 잠이 많은 아들은 아침에 잠이 덜 깬 상태에서 잔소리 듣는 걸 싫어한다. 지금도 그렇다. (물론 나도 잔소리 듣는 건 싫다) 게다가 남자 아이들의 특성인 준비물 잊어버리기 등 엄마 속 썩이는 다양한 스킬들을 섭렵했다.

 어느 날 아침밥을 먹으면서 "엄마, 오늘 준비물 나뭇잎이야." 하는 말에 난 식겁했다. '이 아침에 어디서 나뭇잎을 구할 것인가,' 그날 아침 아들과 동네를 뛰어다녔다. 교과 과정을 보니 다양한 나뭇잎을 구해야 했기에 이리저리 뛰어다니면서 나뭇잎을 주워 봉투에 담아서 가방에 넣어주면서 나도 모르게 잔소리 폭탄을 던졌다. "좀 미리미리 전날 얘기해라." 그랬더니 불퉁한 목소리로 "잊어버렸어." 하는 대답과 함께 입이 툭 튀어나왔다. 어떤 엄마가 아침부터 준비물 챙기느라 이리 뛰고 저리 뛰었는데 잔소리를 안 하겠는가. 일단 학교는 보내 놓고 '아침부터 잔소리가 심했나? 살살 이야기할걸 그랬나?' 하는 생각에 하루 종일 맘이 편치 않았고 아들이 오면 어떻게 맞아야 하나 고민에 고민을 하고 있었다. 아들이 학교에서 돌아오자마자 "엄마, 선물!" 하고 내미는 손에 들린 까만 봉다리에는 말도 안 되는 동물 모양 꼬치가 담겨 있었다. "이게 뭔데?" 하니 "내가 먹어보니 맛있어서 엄마 좋아할 거 같아서 사 왔어." 환하게 웃는 해맑은 표정에 잔소리해서 보내고 종일 안 좋았던 마음이 민망해진 적도 있었다. 지금 생각해 보면 항상 이런 식이었다. 그렇게 아들과의 '카페가 자리 잡을 때까지'라는 무언의 약속 후 나는 카페 메뉴를 배우고 커피까지 배우면서 투자자의 자리에서 알바의 어디쯤으로 신분이 강등(?)된 것이다.

아들은 에스프레소와 드립 커피 양을 그램 수까지 맞추고 초 단위까지 맞추는 등 커피 레시피와 메뉴 레시피를 전부 계량화했다. 맛있는 커피를 좋아하는 내가 맛있는 커피를 만드는 일은 어려웠다. 게다가 다양한 메뉴들이 날 괴롭혔다. 아이스크림을 메뉴에 넣던 날 소프트아이스크림 기계가 들어오고 낯설어서 소프트아이스크림 모양이 이쁘게 안 나왔다. 이쁘게 말하면 어디가 덧나나 팩폭으로 잔소리 폭탄을 던지는데 머릿속은 하얘지고 몸은 더 마음대로 움직이고 한 번씩 욱하기도 해서 더 괴로웠다. 맘 같아선 다 때려치우고 나가버리고 싶었는데 아들 혼자 고군분투하는 게 빤히 보이는지라 엄마가 돼서 그냥 나갈 수가 없었다.

남편과 같이 사업할 때는 적당히 도망가기도 했고 대들기도 했는데 아들과의 관계에선 엄마는 항상 지게 되는 상황이 반복되었다. 물론 가끔 대들기도 했지만 커피는 아들 말이 전문가의 주장이고 의견이어서 백전백패였다. 그렇게 들들 볶아대서 맘 상해 있었는데 퇴근할 즈음 저녁 먹으러 간다 하니 아들이 주머니에 슬쩍 카드 한 장 찔러준다. "아줌마랑 맛있는 밥 먹어." 한 마디 던진다. 이거 받아야 하나? 이쯤에서 말을 또 안 할 수가 없다. 들들 볶지나 말던지… "하루에 한 번 사고를 안 치고 아들에게 혼나지 않으면 입안에 가시가 돋는다?" 이거 순전히 나에게 해당되는 말이기도 하다. 물론 1년 하고도 반 년이 지난 지금도 매일 혼난다.

어느 날 손님이 말했다.
"여기는 내가 원하는 커피가 있을 듯해서 왔어요."
'이분은 커피를 좀 아시는 분인가 보다.' 하는 생각에 열심히 설명을 했다.
"이쪽이 메뉴입니다. 에스프레소 메뉴는 원두 선택이 가능하세요."
"어떤 원두들이 있나요?"
"고소한 맛 매트블랙, 과일산미 루비레드, 견과류향 디카페인 꽃 향 산미 게이샤 블랜딩이 있습니다."
"게이샤가 있어요?"
"게이샤 좋아하시면 드립 추천해드려요. 오늘쯤 마시면 딱 좋은 스페셜티 게이샤가 있습니다."

"게이샤 좋아하는데…."

살짝 고민하는 듯하더니 게이샤 드립을 선택했다. 커피 마스터인 아들 입장에선 커피를 잘 아는 분이란 생각에 살짝 긴장하는 모습도 보였지만, 금세 마음을 다잡고 하리오 드립퍼로 정성껏 내렸다.

"주문하신 게이샤 한 잔 나왔습니다."

손님이 쟁반을 들고 자리로 돌아가서 한 모금 마시더니 열심히 사진을 찍기 시작했다. 나가면서 한마디를 던졌다.

"커피가 너무 좋아서, 맘카페에 글 올렸어요."

그렇게 커피 맛집으로 입소문을 타기 시작했다.

오픈하고 4개월즈음 되던 저녁 아메리카노를 뽑아서 한 모금 마셨다. '윽, 쓰다.' 아들에게 커피가 쓰다고 했더니 이런 답이 돌아왔다. "매니저님, 오늘 피곤한가 보죠. 피곤하면 커피 쓸 수 있어요." (알바가 생기고 나는 갑자기 엄마에서 매니저로 직급이 급상승했다) 그런가 보다 하고 넘겼다. 다음 날 모닝커피를 수혈하는데 또 커피가 썼다. "사장님 오늘도 쓴데요?" 사장님도 이상함을 감지했다. 내가 뽑은 커피 맛을 보고 문제점을 찾기 시작했다. 그렇게 머신부터 하나하나 원인을 짚어가다가 정수기 필터에서 문제점을 찾았다. 도심에 있는 카페에서는 보통 6개월 만에 바꾼다는 정수기 필터가 4개월 만에 노랗게 변해 있었다. 엥? 물 좋은 홍천 아니었어? 일급수라며? 아들은 내 어이없음에, "홍천이 일급수에 물 좋은 건 맞는데, 홍천 물에 석회랑 철분이 많이 들어 있고 관도 노후가 되어서 커피 물엔 안 맞을 수 있어."라고 답해주었다. '오~ 역시 전문가는 다르네.' 나는 조금씩 아들을 인정하기 시작했다.

그렇게 정수기 필터는 한 달에 한 번 교체를 하고 아들의 물 공부가 시작되었다. 세미나를 다니고 관련 논문도 찾아보고 바리스타 동아리 회원들과 생수를 종류별로 평가하고 곁값을 도출하는 등 다양한 노력을 하면서 커피 맛에 잡맛이 사라지고 부드럽게 바뀌었다는 평을 듣게 되었다. 만약 나였다면 정수기 필터를 한달에 한 번 정도 교체하는 데서 상황을 마무리 짓지 않았을까? 그 정도만 해도 커피 맛이 확실히 달라졌기에 하는 생각이기도 했다. 역시 커피에 진심인 사람은 달랐다.

아들 사장님이 바리스타에서 원두 로스팅 쪽으로 관심을 옮겨가던 어느 날 생두 포대를 정리하게 되었다.

"이건 원두 아냐?"

"아냐, 디카페인 생두야."

"생두 색이 왜 갈색이야?"

"디카페인은 카페인을 빼야 하니까 한번 쪄서 나와서 그래."

"신기하네."

"보통 디카페인이 맛이 없다고 하는 이유가 한번 쪄서 나오기 때문에 강하게 볶아야 된다고 생각해서 강배전을 해서 쓰기만 하고 맛 없다고 하는 거야."

"우리는 어떻게 볶는데?"

"내 생각엔 한 번 쪘기 때문에 생두가 데미지를 입었으니 약한 온도로 살살 달래면서 볶아야 단맛이 나온다고 생각해서 그렇게 볶아. 우리 디카페인도 맛있다고들 하는 이유가 그거야."

"그걸 누구한테 배웠어?"

"나 혼자 생각해서 여러 방법으로 로스팅해서 나온 방법이야."

'대박~ 진심 대박!' 입 밖으로 낸 소리는 아니었지만, 커피에 진심인 아들을 쪼끔 더 인정할 수밖에 없었다.

다음은 출근하면 매일 아침마다 의식처럼 치러지는 과정이다.

"엄마, 이거 한번 맛 봐봐."

(알바가 없을 때는 호칭이 왔다 갔다 한다)

한 모금씩 홀짝홀짝 마시면서 로스팅한 커피 평가의 시간이 시작되었다.

"음… 이건 바디감이 좋으면서 살짝 가벼운 느낌이기도 하네… 원두 이름이 뭔데?"

"또 느껴지는 건 없어?"

"발효 향이 나는 것도 같고… 무산소야?"

"오~ 드뎌 우리 엄마가 향까지 느낄 수 있는 수준이 되었네. 그런데 이 원두 폐기해요."

"왜? 지금 로스팅한 거 아냐?"

"로스팅 포인트가 잘못됐어. 내가 원하는 맛이 아냐."

'헐, 또 시작이다. 이번엔 오랜만인가? 난 괜찮은 거 같은데. 아깝지만 버리라면 버려야지….'

아들의 커피 '맛'에 대한 철학은 분명하다. '내가 '맛'이 없으면 손님도 '맛'이 없다. 아깝다고 생각하면 맛을 잡을 수 없다'가 철학이다.

처음 버릴 때는 원두가 아까웠다.

"아까워!"

"먹을 거야?"

"아니, 지금 먹으면 잠 못 자."

"그럼 버려야지."

오픈 초반에 야심차게 준비했던 게이샤가 생각보다 잘 나가길래 넉넉하게 볶았다가 결국 수급 조절 실패로 로스팅한 지 보름

만에 10만 원이 넘는 원두를 폐기한 일도 있었다. 그때는 아들내미도 손이 떨렸다고 하는데, 나야 말해 뭐하겠는가. 그때 비하면야 지금은 많이 좋아졌다.

"다른 카페도 원두를 보름 지나면 버리나?"

"아마 안 그럴걸?"

"근데 우리는 왜?"

"맛이 떨어지잖아. 손님들은 금세 알아."

할 말이 없지만 그 철학 하나가 커피 맛집의 시작이기도 하다는 걸 안다. 원두 버릴 때 보면 진짜 선수급이다. 오픈 초반보다는 버리는 양이 많이 줄기는 했다. 나는 머리로는 이해하고 사장님의 철학도 이해는 하지만, 아직도 가끔 비싼 원두 버릴 때는 아까운 마음을 어쩌지 못하겠다. 그렇게 조금씩 커피 맛집으로 자리잡고 있으며 단골들도 꾸준히 늘어갔다.

생각보다 빨리 카페가 안정권에 진입하고 손님도 많아지면서 둘이 일하기엔 벅찬 수준이 되어 알바를 고용하게 되었다. 알바를 고용했으니 조금은 여유로운 투자자의 자리로 돌아올 수 있을까? 하는 기대도 생겼다. 알바가 들어오면서 매니저로 승진(?)했다. 나도 점점 밖으로 나갈 일들이 생겼다. 아니 나갈 일을 만들었다. "또 어디 가?" 스케줄을 조정할 때마다 아들이 한 마디씩 거들었다. 교육 받으러 가, 체력 딸려서 운동하러 가, 또는 서울 엄마 친구 만나러 가, 서울 이모들 만나러 가 등등 여러 이유를 대고 볼일 보러 다니고 그리운 서울 매연도 맡으러 다녔다. 그렇다고 일을 안 하는 것도 아닌데 왜 그렇게 엄마를 못 부려 먹어서 난리인지, 이런건 또 아빠를 닮았다.

커피 맛집으로 입소문도 나고 카페에 알바도 고용하고 카페를 함께 운영하는 동안 어느새 나의 자리도 알바 어디쯤에서 매니저로 승격되었다. 하지만 아직도 내 지위는 투자자가 아닌 알바와 매니저 중간 어디 즈음이다. 아침에 출근하자마자 맛있는 커피 한 잔 내려 먹는 소원까지는 이뤘다. 아직 우아한 커피 타임까지는 아니다. 손님이 오면 후르륵 마셔버리기 일쑤니까. 커피 마시고 카페 상황 살짝 체크하고 내 볼일 보고 마감할 때 수금하는 자리까지는 이르지 못했다. 아직도 나는 츤데레 아들 사장님을 위해 매일 출근하고 일이 바쁘면 설거지도 도맡아하고 행주 들고 테이블 사이를 누비고 화장실 청소도 열심히 하는, 아들바라기 엄마니까.

13

제이미에게

― 서행연

친구야!

네가 제주도에 간 지도 5년이 됐구나.

너의 제주도살이는 행복하니?

얼마 전 제주도 갔을 때 이곳저곳 현지인들만 아는 제주 오름을 둘이서 산책하며 젊은 날처럼 사진을 찍던 기억이 나.

그날은 1년에 몇 번 못 본다는 한라산이 맑은 시야로 우리들에게 다가온 행운의 날이었지.

같은 아파트에 살아 에어로빅 센터에서 만난 우리는 한 살된 딸들 앞에 과자 한 봉지씩 던져주고 열심히 몸을 흔들었지. 그것도 35년이 지났네.

그때 그 아이는 시집 가서 아이를 낳았고 우리는 언제까지고

요원할 것 같았던 할머니가 되어가고 있구나.

항상 아낌없이 주는 데 익숙해 내가 늘 받기만 했던 마음 넉넉한 친구 정임아!

나의 홍천살이도 10여 년이 가까워지는구나.

네가 친구들이랑 펜션에 놀러왔을 때 밤 늦도록 술잔을 기울이며 새벽까지 노래 부르던 기억이 나네.

남사친 여사친 모두와 잘 지내는 너를 보면 많이 부러웠어.

네가 소개시켜준 내 남사친 친구는 잘 지내고 있을까?

비록 지금은 만나지 않지만 펜션 일을 물심양면 도와준 그 친구가 가끔 생각나는 건 아무리 일 중독인 나여도 한낱 인간이니까 당연하겠지.

변명하자면 일이 우선인 나는 옆에서 누가 나를 간섭하고 구속하는 것 자체가 힘들었어. 태생이 외로움 자체인가 봐.

오늘은 좋은 소식을 받았어.

전시회 끝난 천아트 작품을 홍천군청 로비에 전시해달라는 요청을 받았는데, 지금까지 홍천에 천아트를 보급하기 위해 달려온 지난 나날의 보상인 것 같아 하늘을 나는 것 같았어.

나는 살아온 날들 중 지금 가장 역동적인 삶을 살고 있는 듯해.

그림 그리는 일은 내가 제일 잘할 수 있는 일이고 행복감을 느끼는 일이기 때문일 거야.

나는 요즘 작약을 많이 그려.

3년 전 펜션 바로 밑 인삼밭이었던 곳에서 사람들이 인삼을 캐더니 몇 년 묵힌 밭에 동네 어르신 10여 분이 무언가 심고 있는 거야.

평소 친분이 있던 밭주인에게 무얼 심는지 물어보니 작약을 심는다는 거야.

나는 순간 '이게 웬 떡이냐!' 하고 속으로 쾌재를 불렀지. 아! 작약꽃이 만발하면 체험객을 모객해서 작약꽃 따기 체험하면 좋겠다고 생각했어.

초여름 홍천 외곽 지역을 지나가다 넓은 작약밭이 펼쳐진 장관을 보고 눈을 떼지 못한 적인 있었지. 그 장관을 펜션 밑에서 볼 수 있다니 희열을 느꼈어.

정임아!

왜 나는 모든 일을 사업성으로 연결 짓고 있는 걸까?

가끔 나 자신을 되돌아 보면 너무 앞만 보고 달려가는 내가 불안할 때도 있어.

내 나이가 몇인데? 언제까지 청춘인 줄 알아? 그러면서.

예순이 넘은 나이에 아직까지도 내가 하면 뭐든 이룰 수 있다는 자만심으로 사업 생각을 하고 있으니….

큰딸 린이는 "엄마 제발 일 좀 그만 벌여." 하고 걱정스럽게 얘기해.

일을 줄여야 한다고 생각은 하는데 생각이 벌써 그런 쪽으로 가니 나는 어쩔 수 없이 그렇게 태어났나 봐.

3년째인 올해 작약밭은 멋진 경관과 색감과 향기로 나를 불러들이기에 충분했어.

또 토종 작약꽃은 홑겹인데 겹작약꽃은 마치 신부의 드레스처럼 레이스를 연결해 놓은 듯 우아함의 극치야. 향기 또한 귀족적이라 꽃차를 만들어서 우려내면 붉은 꽃 색깔이 아찔할 정도로 아름다워 색을 보려고 자주 작약꽃차를 마시곤 한단다.

나만 혼자 보기 아까울 정도의 작약꽃밭을 보려고 펜션을 자주 들락거렸지.

나는 벌써 체험객을 모집하고 천 위에 작약꽃 그리기, 작약꽃 따기 체험을 진행하는 모습을 상상해.

한번 이사 나간 곳에 다시 이사가면 안될 것 같고 펜션으로 가면 펜션일을 해야 하니 최대한 펜션으로 안 가려고 노력하지만 조만간 그리운 '에즈의 정원'으로 이사갈 것 같아.

누군가 나를 보고 하루를 천아트로 시작해 천아트로 끝내는 인

생을 사는 것 같다고 하네.

 나도 알아. 꽃그림을 좋아하는 사람도 많지만 담백한 스타일을 좋아하는 사람이나 꽃그림을 좋아하지 않는 젊은층도 있겠지. 내 눈에는 다 멋져 보여도 다른 사람의 눈에는 그렇지 않을 수도 있다는 것을 깨달아야 되겠지.

 그렇지만 내 인생은 내가 주인이 되어 내가 하고 싶은 일을 하며 사는 거지 누군가의 조언으로 살아가는 것은 아니라고 생각해.

 아무 연고도 없는 홍천에 와 7여 년을 버티면서 인생 노후에 내가 즐거워 할 일을 찾고 그 일을 다른 사람에게 기꺼이 가르칠 수 있는 위치에 서기까지 정말 많은 일이 있었어. 시기와 질투도 많이 받았겠지.

 나는 하얀 순백의 천 위에 붓으로 꽃그림을 그릴 수 있는 그 순간까지 나날이 발전해가는 내 모습을 사랑하고 또 건강이 허락하는 한 죽는 순간까지 붓을 놓지 않을 거야.

 물론 네가 제일 응원해주겠지.

 정임아!

 우리가 술잔을 기울이며 한 얘기 기억나니? 언젠가 우리 둘이서 가이드 없이 세계여행을 하는 날이 오겠지.

 더 늦기 전에 황혼의 두 나이 많은 여자가 겁도 없이 세계일주까지는 아니더라도 유럽이라도 다녀오는 사건을 만들어 보자.

그때는 나도 잠시 천아트의 세계에서 벗어날 수 있겠지.

올해도 방학 기간인 12월에는 일을 다 내려놓고 제주로 날아가서 너만 아는 제주의 비경을 다리 떨리지 않고 가슴 떨릴 때 같이 걸어보면 어떨까?

2022년 11월 초 어느 날 서행연이 제이미에게

14

초근목피

— 박혜진

  7, 8년 전 겨울, 지역의 경로당을 정기적으로 방문하는 일을 하고 있었다. 유달리 긴 산골의 겨울 동안 종이공예를 통해 지루함을 달래는, 어르신들의 정신 건강에 도움을 주는 일이었다. 그날도 한창 이야기를 나누는데 이장과 새마을지도자, 반장(이분들은 일종의 마을리더격이다)들이 우르르 몰려 들어왔다. 기다렸다는 듯이 어르신 몇 분이 일어나 부엌 쪽으로 갔다. 아직 일이 끝나지 않았는데 방해받은 거 같아 살짝 기분이 상했다. 노인회장까지 나서서 일찍 마무리해달라고까지 해서 결국 일을 중단하기로 하고 주섬주섬 떠날 채비를 하는데 옆에 어르신이 붙잡는다.

"국수 먹고 가."

아니 국수 먹으려고 수업을 중단한 건가. 순간 당황스러웠다.

몇 번 더 방문해야 하는 터라 기분 나쁜 티는 못 내지만 국수까지 먹을 마음은 들지 않았다.

"아니, 괜찮습니다. 잔치가 있으신가 봐요. 맛있게들 드세요, 다음주에 뵐께요."

"드시고 가세요."

걸걸한 목소리로 이번엔 이장도 한마디 한다.

"전 괜찮습니다. 점심을 많이 먹어 배도 아직 안 꺼졌어요."

"국수인데 뭐, 먹고 가."

엉거주춤한 자세로 서 있던 난 팔을 잡아당기는 어르신에게 끌려 주저앉았다. 보통 땐 일이 끝나면 간식 삼아 과일이나 음료수를 먹었는데 국수를 마는 거 보면 필시 누군가 잔치 턱을 내는 거라 생각하며 불편한 자세를 고쳐 앉았다. 부엌 쪽은 마을 청년들이 두런거리며 무언갈 기다리고 있고, 어르신들은 부산스럽게 그릇을 내고 반찬을 담고 수저를 나눠준다. 그때 바깥에서 김이 펄펄 나는 솥단지가 하나 들어오고 커다란 소쿠리에 거무티티한 국수사리가 한가득 실려 들어온다. 하얀 소면을 생각했던 나는 순간 머릿속이 빠르게 돌아갔다. 저건 또 뭐지, 왜 시커멓지, 메밀면인가, 맛이 이상하면 어떡하지.

"뭐에 말아주까?"

"네?"

"뭐에 마냐고?"

저 건너 육수를 담던 어르신이 내 쪽을 보며 큰소리로 물어본다. 답을 못 하고 있는데 옆자리 어르신이 친절히 설명해준다.

"국수를 어디에 말아 먹을 거냐고, 멸치랑 시레기국이 있어."

"멸치육수요."

생각할 겨를도 없이 말이 먼저 나왔다. 시레기국이라니. 저 시커먼 국수가 황토색 시레기국에 담겨져 나오는 걸 상상하는 건 너무 쉬웠다. 그래서 답도 빨리 나왔다.

"멸치래, 아무래도 젊은 사람이니까 멸치가 좋지."

옆자리 어르신은 말을 옮기며 빙그시 웃는다.

분식집 오뎅 그릇만한 대접에 가닥가닥 삐져나온 얌전하지 않은 검은 국수사리와 불투명한 육수가 자작히 담겨져 왔다. 국수 그릇이 놓이자마자 방안의 이목이 모두 나에게 쏠렸다. 이 구역에서 이걸 처음 먹는 사람이 나뿐이어서 그랬으리라. 서둘러 젓가락을 사리 중간에 밀어넣고 흔들어 육수와 섞었다. 그리고 힘차게 집어 올렸는데 국수 가락이 뚝뚝 끊어져 잡힌 건 짧고 보잘 것 없는 몇 가닥이다. 나만 그런가 싶어 옆을 보니 웬걸 다들 수저로 퍼드신다. 슬며시 젓가락을 내리고 수저를 들었다. 그제서야 어르신들이 국수 대접 옆에 수저를 놓은 이유를 알게 되었다. 탄력이 없는 국수라 젓가락으로 먹기보다 수저로 퍼먹는 게 쉽고 빠른 거다. 먹기도 전에 난 국수에 대한 기대를 또 한 단계 접었다. 젓가락으로 집을 수조차 없는 탄력성 없는 국수라니.

얼른 먹고 일어나자… 꿀꺽.

뭘까. 한 수저 먹었는데 입에 남는 게 없다. 스르르 밀려 목구멍을 넘어갔다. 다시 한 수저 뜨고 이번엔 씹어봐야지 했는데 젓가락질이 무색할 정도로 부드럽다. 혓바닥을 몇 번 움직이니 다시 입안이 비어버렸다. 몇 번을 반복했을까. 대접이 비어 있었다.

"뭐야. 이걸 누가 멸치에 먹어. 된장국에 먹어야지. 여봐, 여기 된장 한 그릇 줘."

말릴 틈도 없이 둘러보시던 노인 회장님이 솥단지 앞의 어르신에게 한마디 하신다. 다시 내 앞엔 군데군데 시레기가 붙어 있는 검은 국수사리가 가득한 대접이 놓여졌다. 한숨이 나왔는데 이상하게 못 먹겠단 느낌은 없다. 배는 부르긴 하지만.

"이건 된장국에 먹어야 해, 한번 먹어 봐."

또 지켜보는 눈초리에 홀린 듯 한 수저 퍼올렸다. 아까보다는 덜 긴장한 맘으로 꿀꺽. 또 다시 입에 남는 게 없다. 그런데 이번엔 아주 진한 시레기국의 맛이 남았다. 강원도 막장의 구수한 맛,

한입 더 먹어야겠어, 개운한걸, 시원하네, 진짜 시레기와 된장은 찰떡이야. 몇 번을 음미했을까. 또 내 앞엔 빈 대접이다.

  어르신들이 한 그릇 드실 때 두 그릇 해치운 난 주섬주섬 짐을 챙겼다. 어서 이 자릴 피해야겠다는 생각뿐이었다.
"맛있지? 이 국순 된장에 말아야 해."
"정말 맛있네요. 근데 이 국순 이름이 뭐예요?"
"…티국수."
"네? 불티요?"
"난. 티. 난티나무 그거."
"…아. 네. 정말 맛있네요."
"가 봐야지? 얼른 가 봐."
"네. 정말 잘 먹었습니다. 다음주에 뵐께요."
국수의 열기와 옹기종기 모인 사람들의 열기로 후끈했던 경로당을 빠져나와 산골 겨울바람을 맞으니 좀 전의 민망함이 사라졌다. 국수가락이 목젖을 간지를 만큼 가득 찼지만 이상하게 답답하거나 더부룩한 느낌이 없었다. 대신 저녁은 넘어가야겠다고 생각했다. 기분 좋은 배부름이었다. '난티'라는 이름도 신기했지만 그 거무티티한 것이 무엇인지도 궁금했다. 입안에 고이지 않고

술술 넘어가는 그 느낌도 신기했다. 뚝뚝 끊어지면 거칠고 딱딱할 텐데 전혀 그렇지 않았다. 이것저것 생각하며 한 시간 남짓한 거리를 운전해서 집에 도착했다. 저녁시간이 다 되었을 때다. 가방을 내려놓고 부엌으로 가서 밥솥에 밥을 확인했다. 출출했다. 가볍게 요기라도 해야겠다고 생각한 순간, 거무티티한 국수가 떠올랐다. 한 시간 전에 국수 두 그릇 먹은 여자야.

피식 웃음이 나면서 노트북을 켰다. 두 그릇이나 먹었는데 한 시간만에 소화된 것이 국수 탓인지 탁월한 소화력 탓인지 확인이 필요했다. 그런데 난티국수로 검색하니 아무것도 나오지 않는다. 정보의 바다 대한민국 인터넷에 검색이 안되는 게 있다니. 갑자기 긴장이 되기 시작했다. 혹시 문헌에도 없는 말 혹은 지역에서만 부르는 사투리가 아닐까. 인터넷에도 뜨지 않는 무언가를 알게 되었다는 가벼운 흥분으로 타이핑이 빨라졌다. 하지만 아무리 페이지를 넘겨도 국수란 국수는 다 뜨는데 난티국수는 나오지 않는다. 그때 마지막으로 어르신이 남긴 한 마디 '난티나무'가 생각났다. 난티나무를 입력했다.

난티나무: 느릅나무과의 한 종류로 중부이북지방에서 자생하며 나무껍질과 어린잎은 식용이 가능하다.

느릅나무과란 단어와 나무껍질이 식용이 가능하다는 것이 눈에 띄었다. 느릅나무는 대표적인 약용나무이다. 한때 비염에 시달리던 내게 주변 사람들이 느릅나무 껍질을 다려 먹으라고 했었다. 위의 열을 내려주고 심장에 부담을 덜어준다고 한방 쪽에선 '유근피'라 불리는 약재이다. 그런데 유근피도 나무껍질이다. 나무껍질인데 식용도 가능하단다. 그렇다면 같은 과의 난티나무도 이렇게 나무껍질을 먹을 수 있다는 거였다. 그럼 내가 먹은 게 나무껍질이란 거다. 나무껍질로 만든 국수라니. 이것이야말로 '목피'로 만든 음식이 아닌가. 더구나 위에 좋다는 느릅나무이니 겨우내 제대로 먹지 못해 고생인 위에 부담도 덜고 보호해주는 역할도 했으리라. 또 메밀은 저칼로리에 섬유질이 풍부하고 고혈압, 당뇨 등 성인병을 예방해주는 곡물로 알려져 있다. 무엇보다 강원도는 메밀 주산지이다. 거기에 단백질과 섬유질이 최고인 시레기 된장국. 이것이야말로 완전식품 아닌가. 두 그릇을 먹었어도 쑤~욱 소화가 된 것은 내 소화 능력과는 아무 상관 없이 난티국수가 그러한 거였다.

　오래전부터 그 마을 청년들이 늦가을 백두대간 산을 타며 긁어모은 나무껍질을 잘 손질해 말려두면 한겨울 아낙네들이 모여 옥수수가루와 메밀 등 잡곡을 섞어 반죽해 가마솥에 국수를 내렸다고 한다. 칼국수가 아니라 강원도의 그 누름국수틀을 가마솥에 걸고 눌러 내리는 거다. 김장을 끝내고 갈무리 한 시레기를 칼칼한 막장육수에 풀어 끓이고 이 건진 국수를 담아 대접하는 날은 마을 잔치였다고 한다. 먹을 게 귀했던 시절에 먹을 게 더 없는 한겨울, 이 국수 한 그릇이 노인들에게 그 어떤 것보다 귀한 보양식이며 즐거움이었으리라.

나무껍질로 만든 비루한 음식이지만 내 기억 속의 난티국수는 육수처럼 구수하고 따듯한, 면발처럼 부드럽고 편안한 맛으로 남아 있다. 물론 그 이후론 그 어디서도 난티국수를 만날 수 없다. 두 그릇, 세 그릇 먹어도 배가 부르지 않다고 면성애자들에게 알려주고 싶어도 파는 곳이 없다. 어쩌면 난티국수는 기억하는 사람도 없는 기록 속의 음식으로 남을 확률이 높다. 지금도 겨울이면 가끔 난티국수가 생각난다. 꿩 대신 닭이라고 난티국수 대신 메밀국수를 말아 먹지만 그날의 감동에는 발끝에도 닿지 못한다.

올 겨울엔 그 경로당을 찾아가 아직도 연례행사를 치르신다면 '쐬주' 한 박스 들고 찾아가 한구석에 조용히 꼽사리를 끼어볼까 궁리해 봐야겠다.

에필로그

— 안혜정 —

글을 쓰고 싶다는 작은 생각에서 꺼내본 이야기를 내 일상을 살며 짬짬이 노트북 앞에 앉아 한 줄 한 줄 채워가는 일이 쉽지 않음을 알았던 시간입니다. 하지만 정말 내 이야기를 한 권의 책으로 담아보고 싶다는 꿈을 실현하는 시작이기도 합니다. 소소한 일상을 글로 그림으로 사진으로 기록하고 정리해 내 삶의 의미로 기록하는 일들에 진심을 봅니다.

— 최범용 —

글을 쓰면서 즐거웠습니다. 그 순간 그때가 기억이 났고 어떻게 여기까지 온 것인지 신기할 따름입니다. 나의 창업에 길을 열어주신 이민호 센터장님과 홍천창업공작소에 감사드리며 항상 도움을 준 내 친구들과 부모님, 동생에게 감사를 표하고 싶습니다. 그리고 글을 잘 썼다고 용기를 주신 작가님들과 글을 쓰는 동안 멘토해 주신 신선숙 편집장님께 감사드립니다. 이번 글이 저의 마지막 글이 아닐 수 있도록 더 좋은 글을 쓰는 사람이 되겠습니다.

―
심
정
요
―

나만의 관점으로 평범한 것들도 흥미롭게 보여주기. 초보 에세이 작가에게 떨어진 특명이었다. 이것 때문에 머리도 엄청 쥐어뜯었고 같은 장소에 몇 번씩 다시 갔으며 죄 없는 남편도 벽화 속 중국집을 찾기 위한 순례에 동참시켰다. 그래도 쓰는 동안 참 즐거웠다. 에세이를 더 잘 쓰고 싶은 욕심도 생겼다. 그리고 내가 소설보다 에세이를 더 좋아한다는 걸 처음 깨달았다. 부족한 글을 꼼꼼히 봐주시고 격려해 주신 신선숙 편집장님과 동기님들, 에세이를 완성할 수 있도록 응원해

준 남편에게 감사드린다. 독자들이 재미있게 읽어준다면 더없이 기쁘겠다.

|박경희| 홍천으로 귀촌한 후 생각지도 못한 좋은 일들이 내 주위에서 일어나고 있다. 내가 글을 써 책을 내다니, 아무리 생각해 보아도 상상을 넘어서는 일이다. 홍천이 터가 좋은 땅임이 분명하다. 왜냐하면 인생 2막의 봉사를 할 수 있게 나를 이끌어주고 생각하지 못한 좋은 일들이 생겨나고 있기 때문이다. 홍천은 나와 인연이 깊은 고장임이 틀림없다. 오늘도 나는 어떤 사람들에게 홍천을 소개하고 자랑할 것인지 부푼 꿈을 안고 하루의 시작을 위해 거울 앞에 앉아본다. 얼굴은 상냥한 미소로, 목소리는 또렷하고 부드럽게, 홍천으로 많이 놀러오세요.

| 김준옥 | 무슨 말을 써야 할지 생각이 나지 않는다. 조금은 부끄럽고 또 조금은 대견하기도 하다. 종이에 쓰는 것에 익숙한 나는 자판으로 쓰는 것이 어색하다. 그리고 잘 써야 된다는 욕심에 쓰다가 지우고 또 쓰고를 반복한다. 정신없이 바쁘게 살아가는 생활 속에 또 다른 기쁨이 되어간다.

| 박혜진 | 사진, 영상이 주를 이루고 랩톱을 지나 손바닥에서 세상을 보는 첨단시대에 글을 쓴다는 건 구시대 사람에게도 낯설고 어려웠습니다. 책도 잘 읽지 않는데 글까지 쓴다니… 쓰면서도 이 단어가 맞나 받침이 맞나 몇 번을 검색해가며 쓰고 지우고 반복했습니다. 그래도 글을 쓰기 위해 생각을

하고 단어를 고르고 손가락 한두 개로 빈 화면을 채우는 시간은 오롯이 나와 대화하는 색다른 경험이었습니다. 이 즐거움이 읽는 분들에게도 잘 전달되길 바랍니다.

| 정미진 | 어렸을 때부터 책을 좋아하는 사람이었지만, 이 나이에 글쓰기가 필요해질 거라고 생각한 적은 없었습니다. 그런데 귀농 후 체계적인 글쓰기가 필요해졌습니다. 단순히 글쓰기 교육인줄 알고 찾아왔던 교육에서 책 출판에 참여할 거라고는 생각지도 못했습니다. 짧은 기간이지만 글쓰기 교육을 받고 나의 홍천 이야기와 다른 작가님들 글을 읽고 합평을 들으면서 조금씩 글 쓰는 재미도 알게 되었고 행복한 시간이었습니다. 글 쓰는 동안 응원해 준 나의 아들과 가족들 그리고 좋은 기회

를 주신 홍천군에 감사합니다.

―
서행연
―
　사람은 태어날 때 성게의 가시처럼 태어나 이리저리 굴러다니다가 인생의 노년에는 둥근 원이 되어 가지 않을까? 요즘의 나는 성격 좋아보인다는 말을 자주 듣는다. 물론 나잇살로 푸근해 보이는 인상 탓일 것이다. 주체성을 잃어버린 것이 아니라 세상과 타협하며 어울렁더울렁 그냥 그렇게 분쟁 없이 살고 싶을 뿐이다. 주위에 불빛이 없어 더욱 밝아보이는 별들과 맑은 공기와 숲 내음을 맡으며 내가 하고 싶은 그림을 그리며 살고 싶을 뿐이다.

자연인으로 살고 싶다는 거짓말

초판 1쇄 인쇄일 | 2023년 2월 28일   초판 1쇄 발행일 | 2023년 3월 7일

지은이 | 김준욱, 박경희, 박혜진, 심정요, 서행연, 안혜정, 정미진, 최범용
펴낸이 | 메타비, 사단법인 홍천농촌지역관광사업단
책임편집 | 더봄에이전시
디자인 | 무지개

펴낸곳 | (주)메타비
출판등록 | 제2020-000048호
주 소 | 서울 동작구 노량진로 140 메가스터디타워 2층,
동작구사회적경제 지원센터 성장기업실 3
전 화 | 02-303-4871
이메일 | info@metabe.kr

ISBN   979-11-960734-3-5   03810

* 잘못된 책은 구입처에서 교환해 드립니다.
* 책값은 뒷표지에 있습니다.

이 책은 홍천군시군역량강화사업 지원금으로 발간되었습니다.